小学数学十大核心词
分析与案例解读

杨永丽 ◎ 著

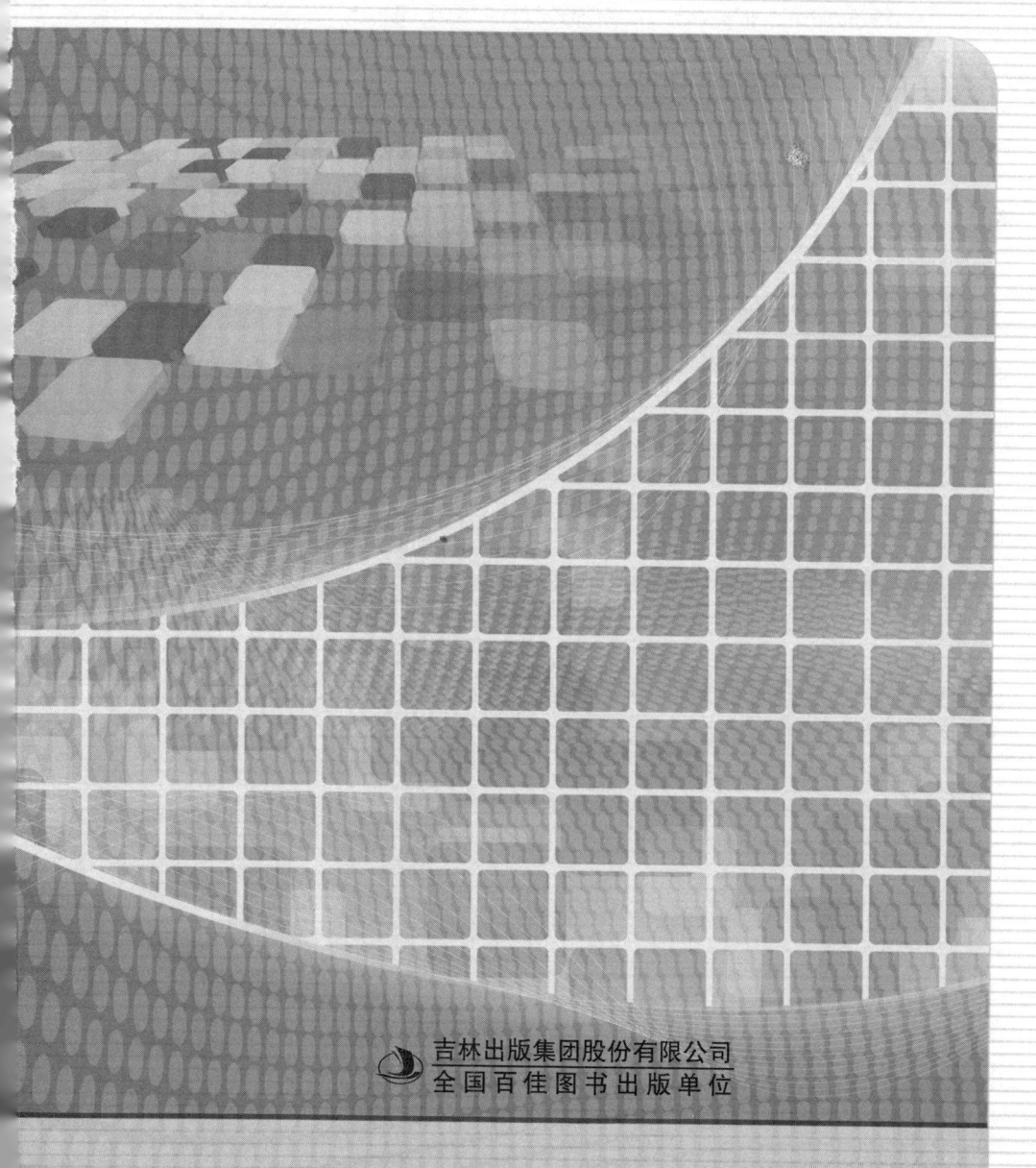

吉林出版集团股份有限公司
全国百佳图书出版单位

图书在版编目（CIP）数据

小学数学十大核心词分析与案例解读 / 杨永丽著.
-- 长春：吉林出版集团股份有限公司，2021.11（2023.1重印）
ISBN 978-7-5731-0627-8

Ⅰ.①小… Ⅱ.①杨… Ⅲ.①小学数学课-教学研究
Ⅳ.①G623.502

中国版本图书馆CIP数据核字(2021)第232261号

XIAOXUE SHUXUE SHI DA HEXIN CI FENXI YU ANLI JIEDU
小学数学十大核心词分析与案例解读

著　　者	杨永丽
责任编辑	杨亚仙
装帧设计	清　风

出　　版	吉林出版集团股份有限公司
发　　行	吉林出版集团社科图书有限公司
地　　址	吉林省长春市南关区福祉大路5788号　邮编：130118
印　　刷	唐山富达印务有限公司
电　　话	0431-81629693
抖 音 号	吉林出版集团社科图书有限公司　37009026326

开　　本	787 mm×1092 mm　1/16
印　　张	15.5
字　　数	230千
版　　次	2021年11月第1版
印　　次	2023年1月第2次印刷

| 书　　号 | ISBN 978-7-5731-0627-8 |
| 定　　价 | 65.00元 |

如有印装质量问题，请与市场营销中心联系调换。0431-81629729

前　言

2016年9月，中国学生发展核心素养研究成果发布会在北京师范大学举行，备受社会关注的《中国学生发展核心素养》正式发布。此次公布的核心素养共分为文化基础、自主发展、社会参与三个方面，综合表现为人文底蕴、科学精神、学会学习、健康生活、责任担当、实践创新六大素养，具体细化为国家认同等十八个基本要点。

要想实现中国学生发展核心素养目标，需要家庭、学校、社会三者的合力共为。学校层面，必须落实到各学科教学中和学校其他领域的教育阵地。所以，基于以上《中国学生发展核心素养》的引领指导，各学科纷纷开展研究自身的核心素养。

那么数学学科的核心素养是什么呢？我们该如何在课堂上落实核心素养呢？各位专家对数学核心素养的理解各不相同。

马云鹏教授认为：2011版课标中的十个核心词就是数学的核心素养。

曹培英教授认为：中小学数学学科核心素养体系由两个层面（数学思想方法、数学内容领域）、六项素养（抽象、推理能力、模型思想、运算能力、空间观念、数据分析观念）构成。

史宁中教授则认为：抽象、推理、模型才是数学学科核心素养。

一线教师也曾多次讨论过这个问题，他们觉得既然是核心素养，就要凸显出核心，数量一定不能多，多了就不是核心了。所以，他们认为数学核心素养应包含：数学思想方法层面的抽象和推理以及数学学习品质层面的求实和严谨。

大家对于数学学科核心素养各执己见，这是好事，我们就希望有这样一个百家争鸣、百花齐放的氛围，你说说你的理由，我讲讲我的道理，最终真理一定会在大家的碰撞交流、思考质疑中逐渐明晰。

纵观以上观点，不管核心素养是两个、三个也好，还是六个也罢，它们都与《2011版小学数学课程标准》突出强调的十个核心词（数感、符号意识、空间观念、几何直观、数据分析观念、运算能力、推理能力、模型思想以及应用意识和创新意识）密切相关。因此，核心素养的培养最终还是应立足于十大核心词的落实上。

本书主要以小学数学十大核心词为主要研究对象，共分十个章节。每个章节基本从两个纬度阐述一个核心词：一是阐明核心词的意义和培养策略，从整体上让一线教师理解核心词的内涵，掌握在课堂上落实核心词的具体策略和注意问题。二是展示精品课例和应用案例，细致分析核心词在课堂教学和课外实践中的落实方法，引导一线老师从真实的场景中关注核心词，落实核心词。衷心希望此书能给广大一线教师一些启发与帮助。

杨永丽
2021年4月

目 录

核心词之一——数感
　培养数感的精品课例及点评1 ………………………………… 009
　培养数感的精品课例及点评2 ………………………………… 016
　培养数感的实践应用案例1 …………………………………… 021
　培养数感的实践应用案例2 …………………………………… 022

核心词之二——符号意识
　培养符号意识的精品课例及点评1 …………………………… 032
　培养符号意识的精品课例及点评2 …………………………… 045
　培养符号意识实践应用案例 …………………………………… 053

核心词之三——空间观念
　培养空间观念的精品课例及点评 ……………………………… 063
　培养空间观念的实践应用案例1 ……………………………… 072
　培养空间观念的实践应用案例2 ……………………………… 073

核心词之四——几何直观
　培养几何直观的精品课例及点评1 …………………………… 089
　培养运算能力的精品课例及点评2 …………………………… 097
　培养几何直观的实践应用案例 ………………………………… 108

核心词之五——数据分析观念
　培养数据分析观念的精品课例及点评1 ……………………… 117
　培养数据分析观念的精品课例及点评2 ……………………… 127
　培养空间观念的实践应用案例 ………………………………… 133

· 001 ·

核心词之六——运算能力
培养运算能力的精品课例及点评 …… 144
培养运算能力的实践应用案例1 …… 152
培养运算能力的实践应用案例2 …… 153
培养运算能力的实践应用案例3 …… 154

核心词之七——推理能力
培养推理能力的精品课例及点评1 …… 168
培养推理能力的精品课例及点评2 …… 173
培养推理能力的实践应用案例1 …… 183
培养推理能力的实践应用案例2 …… 183

核心词之八——模型思想
培养模型思想的精品课例及点评1 …… 190
培养模型思想的精品课例及点评2 …… 202
培养模型思想的实践应用案例1 …… 211
培养模型思想的实践应用案例2 …… 212

核心词之九——应用意识
培养模型思想的精品课例及点评 …… 218
培养应用意识的综合实践活动案例1 …… 226
培养应用意识的综合实践活动案例2 …… 227
培养应用意识的综合实践活动案例3 …… 228

核心词之十一——创新意识
培养数据分析观念的精品课例及点评 …… 235
培养创新意识的实践应用案例 …… 240

核心词之一——数感

何为"数感"

什么是数感？2011版课标是这样阐述的：数感主要是关于数与数量、数量关系、运算结果估计等方面的感悟。建立数感有助于学生理解现实生活中数的意义，理解或表达具体情境中的数量关系。[①]

通常"数感"都被解释为"感悟"，从字面上看可以从两个方面来理解：一是"感"，即感知数；二是"悟"，即领悟数。歌手有乐感，一首新曲子只需几遍便能唱得标准又动听；篮球运动员有篮球感，小小的篮球可以在运动员手中自如运转；足球运动员有足球感，运动员的双脚能随时指挥足球随其左右。其实数感同它们一样，就是人们对数的理解和感觉。

怎样培养数感

数感的建立不是一朝一夕之功，需要经历一个漫长的体验、积累和发展的过程。它需要教师有意识地在教学过程中创设情境、提供素材、引领体悟，通过多种途径培养和提升学生的数感。

一、在数的概念的教学中重视培养数感

要建立数感，首先要理解数的概念，即数的本质。古往今来，对数的

[①] 摘自《义务教育数学课程标准（2011年版）》第5页。

理解螺旋上升、步步深入：从打结计数到摆石子计数，再到用阿拉伯数字计数，人们逐渐提炼出最简洁的计数方法；从二进制到五进制，再到十进制，人们总结出最简洁实用的十进制计数法；从最早的自然数到负数的产生，再从负数到有理数、实数的出现，最后到人们发明的虚数，经过如此漫长的数的概念发展史，我们感受到数在不断地扩充。由此可见，记数符号、进位制以及较高单位的表示方法是抽象数概念的三个要素。

培养学生数感我们可以从数概念的教学入手，教师要在每一节数概念的课堂教学中，创设具体的生活情境或借助实际案例，引导学生接触数、理解数和感受数，让学生更鲜活生动、具体深刻地把握数的概念，建立数感。我们可以从以下几个方面来培养学生的数感：

（一）深入理解计数单位的意义

在数的概念教学中要理解数的意义，感知数的大小、数的顺序和数的组成，则理解计数单位、数位和十进制计数系统是基础和前提。其中，对计数单位的理解是重中之重，低年级教师尤其要重点关注学生对"一""十""百""千"四个计数单位的理解。

一是利用小棒，建立计数单位的表象。例如，学习计数单位"十"时，摆小棒是一个必不可少的、极其有效的实操活动。学生在经历1根、2根、3根……9根，再加1根就是10根，并把这10根捆成一捆的过程中，感受到"一捆"就是1个"十"，1个"十"由10个"一"组成，此时"十"这个计数单位就在学生的头脑中刻下了深深的印象。接下来，可以让学生再次操作10个"一"捆成"一捆"，凑成1个"十"的过程，再次加深印象。

二是借助计数器，深入理解计数单位。通过摆小棒，已经建立了计数单位"十"的表象。接下来，通过在计数器上拨一拨，再次深入认识计数单位"十"。1个、2个、3个……9个，再拨一个就是10个，此时的1个"十"在计数器上该怎么表示呢？这时教师可以引导学生思考：摆小棒时，满10就捆成一捆，那拨够10个在计数器上怎么表示更简洁呢？引导学生发现只要够了10个，就可以在左边一档上拨1个珠子，这个位置上的1个珠子就代表1个"十"，即10个珠子。最后，教师可以把摆小棒的过程和拨珠子的过程同时呈现并进行总结，这样学生对计数单位"十"的理解就更加深入透彻了。然后教师可以借助计数器来介绍数位及不同数位上的数表示的不同意义。

三是数形结合，理解运用计数单位。教师在计数器上拨出13，对应摆出1捆、3根，写出13，引导学生说：1在十位上表示1个十，3在个位上表示3个一，13是由1个十和3个一组成的。也可以反过来练习，先写出18，再用小棒摆出18，在计数器上拨出18，然后说一说18的组成……如此通过师生、同桌之间反复地练习，数位、计数单位的概念便可深入人心，十进制计数法也悄然植入学生心田。

（二）重视“数”，数数过程中数感的培养

数是数出来的。对于小学生而言，采用不同方式数数的过程，就是建立数感的过程，比如：对着实物数、一个一个地数、十个十个地数、正着数、倒着数等。通过数数学生会积累若干经验：学生会感知数的多少和大小；知道下一个数总比前一个数多一；理解一个数既有基数意义，代表物体的总数，也有序数意义，表示这是第几个；还知道一些固定的物体，不管按照何种顺序，数最后的结果都是一样的，这些都是在培养学生的数感。

天地玄黄，宇宙洪荒。
日月盈昃，辰宿列张。
寒来暑往，秋收冬藏。
闰余成岁，律吕调阳。
云腾致雨，露结为霜。
金生丽水，玉出昆冈。
剑号巨阙，珠称夜光。
果珍李柰，菜重芥姜。
海咸河淡，鳞潜羽翔。
龙师火帝，鸟官人皇。
始制文字，乃服衣裳。
推位让国，有虞陶唐。
吊民伐罪，周发殷汤。
坐朝问道，垂拱平章。
爱育黎首，臣伏戎羌。
遐迩一体，率宾归王。
鸣凤在竹，白驹食场。
化被草木，赖及万方。
盖此身发，四大五常。
恭惟鞠养，岂敢毁伤。
女慕贞洁，男效才良。
知过必改，得能莫忘。
罔谈彼短，靡恃己长。
信使可覆，器欲难量。
墨悲丝染，诗赞羔羊。
景行维贤，克念作圣。
德建名立，形端表正。
空谷传声，虚堂习听。
祸因恶积，福缘善庆。
尺璧非宝，寸阴是竞。
资父事君，曰严与敬。
孝当竭力，忠则尽命。
临深履薄，夙兴温凊。
似兰斯馨，如松之盛。
川流不息，渊澄取映。
容止若思，言辞安定。
笃初诚美，慎终宜令。
荣业所基，籍甚无竟。
学优登仕，摄职从政。
存以甘棠，去而益咏。
乐殊贵贱，礼别尊卑。
上和下睦，夫唱妇随。
外受傅训，入奉母仪。
诸姑伯叔，犹子比儿。
孔怀兄弟，同气连枝。
交友投分，切磨箴规。
仁慈隐恻，造次弗离。
节义廉退，颠沛匪亏。
性静情逸，心动神疲。
守真志满，逐物意移。
坚持雅操，好爵自縻。
都邑华夏，东西二京。
背邙面洛，浮渭据泾。
宫殿盘郁，楼观飞惊。
图写禽兽，画彩仙灵。
丙舍旁启，甲帐对楹。
肆筵设席，鼓瑟吹笙。
升阶纳陛，弁转疑星。
右通广内，左达承明。
既集坟典，亦聚群英。
杜稿钟隶，漆书壁经。
府罗将相，路侠槐卿。
户封八县，家给千兵。
高冠陪辇，驱毂振缨。
世禄侈富，车驾肥轻。
策功茂实，勒碑刻铭。
盘溪伊尹，佐时阿衡。
奄宅曲阜，微旦孰营。
桓公匡合，济弱扶倾。
绮回汉惠，说感武丁。
俊义密勿，多士实宁。
晋楚更霸，赵魏困横。
假途灭虢，践土会盟。
何遵约法，韩弊烦刑。
起翦颇牧，用军最精。
宣威沙漠，驰誉丹青。
九州禹迹，百郡秦并。
岳宗泰岱，禅主云亭。
雁门紫塞，鸡田赤城。
昆池碣石，钜野洞庭。
旷远绵邈，岩岫杳冥。
治本于农，务兹稼穑。
俶载南亩，我艺黍稷。
税熟贡新，劝赏黜陟。
孟轲敦素，史鱼秉直。
庶几中庸，劳谦谨敕。
聆音察理，鉴貌辨色。
贻厥嘉猷，勉其祗植。
省躬讥诫，宠增抗极。
殆辱近耻，林皋幸即。
两疏见机，解组谁逼。
索居闲处，沉默寂寥。
求古寻论，散虑逍遥。
欣奏累遣，戚谢欢招。
渠荷的历，园莽抽条。
枇杷晚翠，梧桐蚤凋。
陈根委翳，落叶飘摇。
游鹍独运，凌摩绛霄。
耽读玩市，寓目囊箱。
易輶攸畏，属耳垣墙。
具膳餐饭，适口充肠。
饱饫烹宰，饥厌糟糠。
亲戚故旧，老少异粮。
妾御绩纺，侍巾帷房。
纨扇圆洁，银烛炜煌。
昼眠夕寐，蓝笋象床。
弦歌酒宴，接杯举觞。
矫手顿足，悦豫且康。
嫡后嗣续，祭祀烝尝。
稽颡再拜，悚惧恐惶。
笺牒简要，顾答审详。
骸垢想浴，执热愿凉。
驴骡犊特，骇跃超骧。
诛斩贼盗，捕获叛亡。
布射僚丸，嵇琴阮啸。
恬笔伦纸，钧巧任钓。
释纷利俗，并皆佳妙。
毛施淑姿，工颦妍笑。
年矢每催，曦晖朗曜。
璇玑悬斡，晦魄环照。
指薪修祜，永绥吉劭。
矩步引领，俯仰廊庙。
束带矜庄，徘徊瞻眺。
孤陋寡闻，愚蒙等诮。
谓语助者，焉哉乎也。

图1–1 《千字文》

比如借用《千字文》在数数中帮助学生建立1000的数感。

1. 教师出示一篇古文，让学生数一数，一共有多少个字。

聪明的学生先是一个个数，数着数着发现4字一句，一行5句，就算出一行是20个字。于是就一行一行，20个、20个数，数着数着发现一段正好是100个字。于是又开始一段一段，100个、100个数，最后数出这篇古文一共有1000个字。

我们不得不佩服老师的聪明才智，将4字一句的《千字文》在排列方法上稍加改动，改成5句一行，5行一段，数着数着就数出了1000的数感。

2. 教师合理利用资源的大智慧还表现在以下巩固练习中。

（1）"学"，从头数，它是第几个字？第407个是什么字？

（2）从头数，第994个是什么字？第293个是什么字？

第（1）题难度不大，大部分学生通过100、100地数，找到"学"是第305个。

第（2）题也难不倒学生，人家都是先找到第300个字，然后倒着往回数，第293个字就是"慎"。

应该说《千字文》这一教学资源被老师运用得淋漓尽致，而课堂问题的设计更凸显了老师的大智慧，孩子们在数数过程中，数感就慢慢培养出来了。

（三）关注"读"数过程中数感的培养

读数的过程也是培养数感的过程，学生不仅要会读数，更要在读的过程中理解数的意义、读出数的组成和数的量感。可惜大部分学生读数仅仅是"读"出来而已，"读"数过程中丝毫听不出对数的感觉。究其原因，不在学生，而在于老师。为师者既不知读数中可培养数感，也不知如何在读数中培养数感，又怎能引导学生理解呢？

其实，读数时不能仅想着法则，更应该把读数的注意力引到理解数的意义上来，边读边感悟这个数的组成、大小，充分发挥读数的数感功能。

举个简单的例子：

（1）4369读作（　　）千（　　）百（　　）十（　　）。

（2）4369由（　　）个千，（　　）个百，（　　）个十和（　　）个一组成。

（3）4369=（　　）×1000+（　　）×100+（　　）×10+（　　）。

第一题学生都做得出来，因为它就是读数；第二题也比较简单，考的是数的组成；而第三题有些学生却应对不了了。其实这三道题是换汤不换药，考点都是数的组成。正因为学生读数时，只是有口无心地随意读，并没有意识到四千就是4个千，就是4×1000……学生总在套用读数法则，注意力都在想怎么能把数读对，而不是边读边理解这个数的组成。

其实何止整数，分数也能读出数感。如3/4，读作四分之三，在读的过程中，就应该读出意义：把单位"1"平均分成4份，表示其中的3份，即4份中的3份。总之，读出数感，就是在读数的过程中理解数的意义。

（四）在猜测、估计中训练数感

认识了数之后，我们可以通过数数、读数、说一说数的组成等活动培养学生的数感，还可以通过"估一估到底有多少"这样的练习来强化对数多少的感悟。例如，学习了"11—20各数的认识"之后，可以出示情境图，让学生估一估海边有多少个小朋友？礁石上有多少只海鸥？估完之后再通过数一数来验证，在一估一数中循序渐进地培养数感。

二、在数的运算中培养数感

教师应重视口算，加强估算，提倡算法多样化。在解决具体问题时选择合适的算法，加强对运算实际意义的理解，培养学生的数感。

（一）重视估算，培养数感

日常生活中很多时候并不需要算出准确结果，只需估算一下便可解决问题。因此，在现实生活中估算有着广泛的用途和实用意义。

估算在我们日常生活中的应用十分广泛，但是大部分学生往往想不到运用估算来解决问题，原因就在于他们没有感受到估算的便捷和价值。因此，教师要善于创设生活情境，引导学生用估算解决问题，充分感受估算的价值，进而自觉地运用估算。

1. 在找最接近整十、整百数的过程中培养数感

低年级学生要凭数感寻找最接近的整十、整百数。例如，老师出示了一组数，找一找它最接近哪个整十、整百数。如：37最接近哪个整十数，

引导学生思考37在哪两个整十数之间？离哪一个更近一些？借助这两个问题，学生很快就找到了37在30和40之间，离40更近一些。在找65最接近哪个整十数时，有的同学找到60，有的同学找到70，通过讨论60和70与65都相差5，都可以。在这个基础上，再学习用四舍五入法找最接近的整十、整百数。其实，找最接近的整十、整百数不仅能培养学生的数感，而且也为接下来的估算埋下伏笔。

图1-2　学校礼堂座位图

2. 在引导学生学习估算方法的过程中培养数感

首先需要教师为学生创设真实的估算情境（如下图）。

学校礼堂有22排座位，每排18个座位，三年级350名学生同时看演出，能坐得下吗？

图1-3　学校礼堂座位图估算条件

学生出现以下几种估算方法：

（1）把22看作20，20×18=360，

360比准确积小，估小了还大于350，所以一定能坐下。

（2）把18看作20，20×22=440，

440比准确积大，且比350大很多，所以应该能坐下。

（3）把18看作20，把22看作20，20×20=400，

比准确积少2个18，多2个20。所以400比准确积大，无法确定。

其实，这三种方法，在估的过程中都能培养学生的数感，但估算也有一定的策略与方法，我们不仅要让学生会估算，更要让学生会智慧地估、科学地估、合理地估。这三种估算方法，哪种比较合理呢？当然是第（1）种比较合理。学生在经历不同估算方法的过程中，能够初步体会估算方法的多样化和科学性。

其实，估算也是检验精确计算结果是否合理的方法之一，只要教师加以引导，学生坚持运用，就一定会对学生数感的培养发挥重要作用。

3. 在实际估测的过程中培养数感

以"估计长度"为例，在实际生活中人们经常遇到估计物体长度的问题，面对真实情境，要让学生经历"先估一估、再验一验、最后练一练"的过程，在实践中积累丰富的感性经验，进而形成表象，建立数感。

首先，认识身体上的"尺子"。在学习长度单位时，教师要引导学生寻找身上的小尺子，这些小尺子不仅能帮助我们建立长度单位的表象，更能帮助我们进行合理的估测。

其次，借助参照物来估测。例如，老师让学生估一估数学书的长和宽大约是多少时，学生就以"拃"为参照物，测量出长大约2拃，即20厘米，宽不到2拃，大约17厘米。再如估测教室的面积大约是多少平方米时，学生会以"庹"为参照物，先估测出长是几米，宽是几米，然后估测出面积。仅仅估测完还不行，建议老师们再让学生准确量一量、算一算，找出估测值与准确值的差距。这样，通过估一估、量一量、算一算等操作活动，让学生在比较、反思、总结中积累经验，体会估计的一般方法，初步形成估测的能力。

（二）巧借精算，巩固数感

精确计算是培养数感的必要路径，教师可以采用不同的策略来培养学生的数感。

一是加强口算。尤其是低年级，教师要坚持每日5分钟口算练习，做到20以内的加减法、乘法口诀等张口即来。长此以往，学生对数的敏锐性会大大增强，数感也会随着口算能力的提高而增强。

二是加强简算。数感好的学生能捕捉到数与数之间的巧妙联系，进而借助这种联系灵活性、创造性地进行计算，使计算变得简洁、明了、准确。

比如，374+267+126=？学生会得出767，数感差的学生会按照顺序来计算，数感好的学生则会发现374和126之间的关系，先算374和126相加等于500，再用500加上267就可以得到767。这样的练习在无形中考查了学生对数字的敏感度。

再如，计算25×32×12.5时，教师要引导学生在算之前观察数字以及数与数之间的联系，找到便捷的计算方法。面对此题，学生看到25会联想到4，看到12.5会联想到8，然后将32分解成4×8，25×32×12.5=（25×4）×（8×12.5）=10000，如此一道看似很难计算的题目轻而易举就算出来了。如果学生常常体验这种简洁，一定能激发学生观察数、感受数、寻找数之间联系的欲望。这样做既能让学生学得轻松愉快，又能发展学生的数感，培养学生敏锐的观察力和思考力。

三是加强估算。估算是检验精算结果是否准确的好方法，教师一定要培养学生用估算检验的习惯，这样既能保证结果的准确性，还能提高估算能力，发展学生的数感。例如，计算59×41时，学生先估一估结果，大约是2400左右，以此来检验精算结果的准确性。

三、在实践运用中深刻领悟数感

（一）结合日常应用强化数感

数在生活中无处不在，它是人们表示、交流和传递信息的有效工具。例如，在教学"数字编码"时，可以借助情境引导学生掌握身份证中编码的特点和方法。还可以让学生给所在年级的学生编学号、为参加运动会的运动员编号，引导他们在实践操作中经历编码过程，积累数学活动经验。又如，在教学"百分数的认识"时，让学生寻找生活中的百分数，通过大衣的含毛率、学生的出勤率、种子的发芽率等若干例子，突出百分数在生活中的广泛运用，培养学生的数感，激发学生数学应用的兴趣。

（二）用运算解决问题升华数感

生活中很多问题的解决都离不开运算。比如，带领学生到戚继光故里参加研学旅行活动，已知104班有学生37人，戚继光故里门票为每张20元，团购时有两种购买方案，一种是8人套票，每套120元；一种是5人套票，每套70元，哪种套票更合适？为什么？经过计算和比较，学生会发现第二种方案更合适。这样既可以训练学生的数感，又可以让学生亲近自然，进而促进学生身心的全面发展。

培养数感的精品课例及点评1

《11-20各数的认识》教学实录与评析

教学过程：

一、情境导入，揭示问题

师：同学们，喜欢到大海边游玩吗？你最喜欢玩的活动是什么呢？

生1：到水里游泳！

生2：用沙子盖城堡！

生3：在沙滩上捡各种小贝壳……

师：（出示情境图）瞧，图上的这些小朋友正在沙滩上干什么呢？

生：图上的小朋友正在喂海鸥……

师：是呀！海鸥是人类的好朋友，为了保护海鸥，104班的同学开展了保护海鸥的活动。根据图中的信息，你能不能提出一个数学问题呢？

生1：沙滩上有多少只海鸥？

生2：沙滩上有多少个小朋友？

生3：礁石上有多少只海鸥？……

图1-4 11-20各数的认识

师：老师要送给大家一个大大的赞，因为你们既会观察又会提问。下面就让我们一起来数一数沙滩上一共有多少只海鸥吧！

【评析】 先从学生感兴趣的海边玩耍谈起，充分激发学生的学习兴趣，然后寻找信息、提出问题、精选问题，环环相扣、简单明了、自然流畅。

二、借助学具，解决问题

（一）"沙滩上有多少只海鸥"——认识数"11"

1. 数海鸥

（1）估一估

师：这些海鸥大约有多少只呢？谁来估一估？

生1：大约20只。

师：估得太多了。

生2：我猜有10只。

师：这次差不多了！

生3：我猜有13只。

师：你猜得也差不多了！

【评析】 借助学生已有经验，设计了估一估活动，巧妙地运用"太多了""差不多"等词语，引导学生不断调整估值，在亲历估计的过程中，培养学生的估计意识和数感。

（2）数一数

师：谁估得最接近？到底有多少只海鸥呢？赶紧用你喜欢的方法数一数，咱们比一比谁数得又快又准。

生1：一共有11只，1、2、3、4、5……

师：一只一只地数，这是大家最常用的方法。让我们一起一只一只地数一遍。（课件演示：圈一只，学生数一只）还有不同的数法吗？

生2：我2只2只地数，2、4、6、8、10、11，也是11只。

师：2只2只地数，看来你很善于打破常规。下面让我们用这种方法再数一遍。（课件演示：圈两只，学生数两只）

生3：还可以5只5只地数，5、10、11。

师：大家一起5只5只地数。（教师边圈，学生边数）

师：经过数数，我们知道沙滩上一共有11只海鸥。刚才尽管我们用的方法不同，但大家都是一边数数一边画圈，这样既不会多数也不会漏下，非常好！

【评析】充分运用多媒体"变静为动"的特点，突出数数方法的指导，体会数数策略的多样化，学生的数感便在"估"和"数"中得以建立与培养。

2. 摆学具

（1）学具操作——体会抽象

师：如果用1根小棒代替1只海鸥，一共需要多少根小棒呢？

生：11根小棒。（课件动态展示海鸥变小棒的过程）

师：请大家快点儿动动脑筋，想想办法，怎么摆才能让别人一眼就看清是11根呢？

师：开动小脑筋，同桌合作摆一摆，比一比哪组同学的摆法最巧妙，让别人一眼就能看清是11根。

【评析】从"小海鸥"到"小棒"，看似简简单单的一个环节，却完成了本节课的第一次抽象思考，初步培养学生的抽象概括能力。然后借助"怎样摆才能让别人一眼就能看清是11根"这一问题，聚焦学习重点，激发学生学习的兴趣。

（2）汇报：教师挑选几种具有代表性的摆法，引导学生边展示边说明想法

组1：我们组是1根1根摆的，共11根。

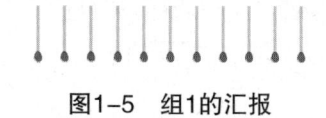

图1-5　组1的汇报

组2：我们组是2根2根摆的，也是11根。

图1-6　组2的汇报

组3：我们组先摆5根，再摆5根，最后摆1根，也是11根。

图1-7　组3的汇报

组4：我们组先摆10根，再摆1根，一共11根。

图1-8　组4的汇报

（3）通过比较建立计数单位"十"的模型

师：你们组的摆法很有创意，再向大家介绍一下，你们是怎样一眼就看出是11根的？

生：左边是10根，右边是1根，10加1就等于11根。

师：老师明白你们的意思啦！你们认为左边摆10根，右边摆1根，合起来就是11根。（教师边介绍边绕学具画集合圈）

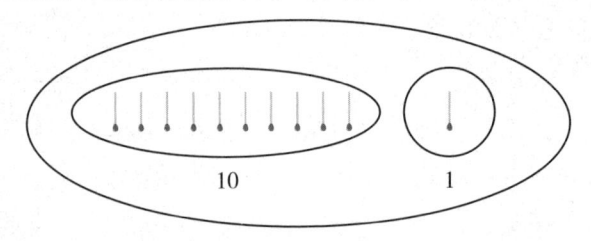

图1-9　集合图

师：大家瞪大眼睛仔细看，这10根小棒要变魔术啦。（课件演示10根变1捆）看！老师把左边的10根小棒捆成1捆，就是1个十，右边的1根就是1个一（如下图），它们合起来一眼就看出是11根了，是吗？

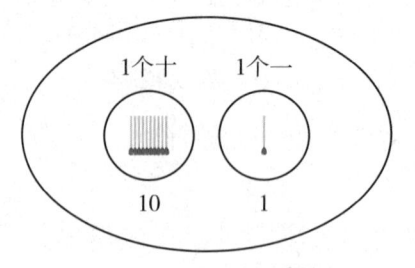

图1-10　集合图解读

【评析】先借助集合圈,再通过变魔术,动态完成了由"10个一"到"1个十"的转化,初步建立计数单位"十"的模型,形成数感。

(4)体验模型"十"的优越性

师:因为大家表现得非常棒,所以就奖励你们玩一个小游戏。游戏规则是:谁能在2秒钟的时间内快速说出屏幕上小棒的根数,谁就获胜。(很多学生犹犹豫豫不能确定)

师:说不出来没关系,还是这些小棒,下面我们改变一下它们的摆法。

生:(异口同声)14根。

教师引导学生说出自己的想法。

生1:左边是10根,右边是4根,合起来就是14。

生2:左边是1个十,右边是4个一,合起来就是14。

课件连续放几组几个十、几个一的摆法,学生快速报数。

【评析】借用"比眼力"游戏,引导学生真切体悟计数单位"十"产生的优越性及必要性,初步渗透了十进制思想。

(5)认识11-20各数

师:下面我们用这个"十"摆出11-20各数,看谁摆得又对又快!

3. 认识计数单位和数位

师:左边摆1个十,右边摆1个一,合起来就是11。(边说边贴板贴,并板书:11)

师:你们知道11里面的两个"1"各表示什么意思吗?

生:左边的"1"是1个十,右边的"1"是1个一。

师:同学们都特别善于思考问题,同样都是"1",因为所在的位置不同,所以表示的大小也就不同。左边的"1"表示1个十,它所在的位置就是十位(板书:十位);右边这个"1"表示1个一,它所在的位置就是个位(板书:个位)。

【评析】运用数形结合思想,借助小棒图帮助学生建立清晰的计数单位"十"的表象,形成正确的计数单位"十"的概念,认识个位和十位。

4. 借助计数器建立计数单位的表象

（1）认识计数器上的个位和十位

播放微视频介绍个位、十位及两个数位的计数单位。

（2）在计数器上拨数

师：请大家在计数器上拨出"11"。

学生试拨，教师巡视指导，同桌交流后，组织学生汇报。

生1：十位上拨10个珠子，个位上拨1个珠子，合起来就是11个珠子。

生2：十位上拨1个珠子，个位上拨1个珠子，合起来就表示11。

师：刚才两个同学的拨法有何不同呢？

生：一个在十位上拨10个珠子代表"十"，另一个在十位上拨1个珠子代表"十"。

师：十位上一个珠子究竟表示的是多少呢？哪种拨法更有道理呢？

组1：我们组认为第二种对，十位上拨1个珠子表示的就是1个十。

师：说得真有道理！不同数位上的珠子表示的意义各不相同，十位是表示几个十的，1个十就在十位上拨1个珠子；个位是表示几个一的，1个一就在个位上拨1个珠子。

【评析】在对比分析交流中深入理解：十位上的1个珠子表示1个十，个位上的1个珠子表示1个一，不同数位和计数单位的概念及数感在动手拨数和说组成的过程中得以建立和培养。

（二）"沙滩上一共有多少个小朋友"——认识11-20各数

1. 沙滩上一共有多少个小朋友？（1）学生估计；（2）学生用各种方法数一数；（3）动手在计数器上拨一拨；（4）同桌互相说一说15的组成；（5）学生在练习本上写出这个数。

2. 学生拨11-19各数，巩固11-19各数的组成、读法、写法以及数的顺序。

3. 通过计数器突破2个十就是20，以及20的写法。

【评析】引领学生将认识11时获得的知识技能和方法策略迁移运用到11-20各数的认识中，很好地实现了知识方法的迁移；引导学生经历"20"产生的过程，体会2个十是20的内涵，进一步体会十进制计数思想。

（三）教师小结，揭示课题

师：同学们，今天这节课通过估一估、数一数、拨一拨、说一说、写一写等活动，在动手动脑中认识了11-20各数（板书：11-20各数的认识）。在我们生活中处处都会用到11-20各数，谁来举个例子。

生举例（略）。

三、拓展延伸，体验数学的价值（略）

师：只要你善于用数学的眼睛去观察周围的世界，你就会发现我们的生活中处处都有11-20各数，我们的生活也离不开11-20各数。

【总评】

"11-20各数的认识"是数的概念教学中的重要节点，也是学生数的概念形成过程的一次突破。

首先，数形结合，让抽象的数直观形象。本节课充分发挥了"小棒"和"计数器"的直观形象功能，把抽象的数和直观的形紧密结合，让数的概念深入人心。比如，由"海鸥"到"小棒"完成数的第一次抽象思考；用小棒清晰地表示出11，在学生头脑中初步建立计数单位"十"的模型，并且认识个位和十位；借助计数器拨数，在对比分析交流中深入理解数位和计数单位。

其次，在数的概念形成过程中培养数感。以"数海鸥"为主要线索，通过数一数、摆一摆、拨一拨、说一说、写一写等系列活动，让学生经历数的概念的形成过程。先用不同的方法数一数，再用小棒代替海鸥来摆一摆，然后通过"怎么能一眼就看出是11只"这一问题，组织学生展开了摆、拨、数、写等一系列有趣的操作活动：用小棒摆出"11"，初步感悟计算单位"十"的意义和产生的必要性；借助小棒图清晰地建立计数单位"十"的表象，认识数位"十位"和"个位"；运用计数器拨珠，清晰地建立1个"十"和1个"一"的不同表象，理解"11"的组成，体会数位的不同，初步渗透位值制思想；在数位表中写数，不仅能帮助学生掌握数的读写方法，同时在写中理解数的意义，培养学生的数感。

最后，形成解决问题的基本方法与策略。解决问题主线：以"数海鸥的只数"为线索展开教学。学习方法主线：在解决问题的过程中，始终运用了"估一估——数一数——摆一摆——拨一拨——写一写"的学习方法，构成了学习方法一条线。

总之，本节课以问题解决为目标，在解决问题的过程中认识了11~20各数，获得了观察、操作、估计、数数等活动的方法策略，体会到替代思想、数形结合思想、位值制思想。把解决问题与掌握基础知识、基本技能，感悟数学思想方法、培养情感态度价值观等很自然地融合在一起，促进学生全面和谐地发展。

培养数感的精品课例及点评2

《质数、合数》教学实录与评析

教学过程：

一、复习旧知，引入新课

师：前面我们学习了奇数、偶数及2、3、5倍数的特征，老师有个问题，如果把自然数分类的话，你想怎么分？

生：分2类，奇数、偶数。

师：能说一下你是根据什么标准来划分的吗？

生：按照是否是2的倍数分的。

师：很好。这节课我们来学习自然数的另一种分类方法，质数、合数。（出示课题）

师：我们认识了奇数、偶数，那什么样的数是质数？什么样的数是合数呢？谁能大胆地猜一猜！没有方向对吧，老师给你们一点提示：7是质数，12是合数。

生：奇数是质数，偶数是合数。

师：他猜得对吗？继续提示：2是质数，15是合数。

生：3的倍数是合数。

师：继续提示，3是质数，20是合数，看来刚才那位同学的猜想还是不对，那质数、合数究竟与什么有关呢？这节课我们一起来研究。

【评析】课前的猜想，使学生悬念顿生，兴趣盎然，思维处于欲罢不能的状态。此时教师巧妙地把握住时机，导入新课。这样入手，既激发了全体学生的兴趣，使课堂气氛顿时活跃起来，又为本节课的顺利实施提供了有效的条件。

二、借助方阵，探究质数、合数意义

师：同学们听说过方阵吗？

生：听说过。

师：谁来说一下什么是方阵？

生：队伍站成正方形的叫方阵。

师：懂得真多，还有补充吗？

生：站成长方形的也叫方阵。

师：这个同学补充得真好，站成正方形的或长方形队伍都可以叫方阵，同学们想一想，如果只站成一排或一列是方阵吗？

生：不是。

师：为什么？

生：那不是长方形，只是一条线。

师：是啊，只站成一排或一列的不是方阵。现在请一小队的同学起立，这是方阵吗？

生：是。

师：谁能描述一下这个方阵？

生：每排6人，站了2排。

师：还可以怎样说？

生：每排2人，站了6排。

师：为了方便记录，我们可以把这个方阵记作6×2或2×6。知道了什么是方阵，你能设计方阵吗？501班有42人参加队列比赛，谁能帮他们设计一个方阵？

生：6×7。

师：很好！还有不同的设计方案吗？

生：2×21。

师：反应真快！还有吗？

生：3×14。真棒！

师：再没有了，看来42人只有3种设计方案。请同学们仔细观察，每个方阵中的两个数与42有什么关系？

生：都是42的因数。

师：真善于观察！42只有这6个因数吗？

生：还有1和42。

师：为什么不设计了呢？

生：站成一排不是方阵。

师：为了区分，我们把不是方阵的情况记录在上面。402班9名运动员也要设计成一个方阵，1×9记录在上面，谁来设计？

生：3×3。

师：还有吗？（没了）没了吗？42人有3种设计方案，而9人为什么只有一种设计方案呢？

生：因为9的因数比较少。

师：真会思考！看来要把一个数设计成方阵，首先要去找它的什么呢？（因数）

师：是不是任意一个数都可以设计成方阵呢？

生：不是。

师：举一个例子，3为什么不能设计成方阵呢？（只能站成一排）谁能从因数的角度来说？

生：3的因数只有1和3，1×3不是方阵。

师：“只有”这个词用得真准确！请同学们思考一下，一个数能不能设计成方阵，与什么有关系呢？

生：因数的多少。

师：总结得真好！现在谁能任意说一个数，并告诉大家这个数能不能设计成方阵?

学生举例。

师：6、42、9……这些都是能设计成方阵的数。（板书：能）

3、7、11……这些都是不能设计成方阵的数。（板书：不能）

师：请同学们仔细观察，能设计成方阵的数和不能设计成方阵的数有什么区别？

生：能设计成方阵的数除了1和它本身还有其他因数，不能设计成方阵的数的因数只有1和它本身。

师：老师告诉大家，42、9……像这种能设计成方阵的数叫合数，像3、7……这种不能设计成方阵的数叫质数。谁能用自己的话说一说什么是质数？什么是合数？

生：除了1和它本身还有其他因数的数是合数，只有1和它本身两个因数的数叫质数。

师：我们看看数学书上是怎么定义质数、合数的？（出示定义）齐读定义。

师：同学们了解质数、合数了吗？那老师要考考你们。质数有几个因数？

生：2个。

师：准确吗？

生：只有2个。

师：只有2个是什么意思？

生：不多也不少，必须是2个。

师：用词准确，理解到位。合数至少有几个因数？

生：3个。

师：对吗？至少2个不行吗？

生：2个就是质数了。

【评析】教师通过组织学生观察、探索不断提出新问题，引发学生的思维碰撞，从而发现了质数和合数的本质属性，得出了概念。接着引导学生去比较、辨析发现新的规律：关于质数和合数的区别及1的分类问题。这样不仅提高了学生对概念的理解，拓展了学生对概念内涵和外延的把握，而且也培养了学生的数感。

三、巩固练习

师：现在相信大家对质数、合数了解得更深入了。老师这里有几个小练习，大家试一试。

1. 判断质数、合数（略）
2. 填空（略）
3. 判断对错（略）

【评析】通过练习进一步明确质数与合数的概念，能够正确地判断一个数是质数还是合数。通过判断题明确奇数、偶数、质数、合数的区别与联系，得出偶数只有2是质数，其他的都是合数，1既不是质数也不是合数。

四、课堂总结，畅谈收获

师：这节课你们快乐吗？（快乐）

看来，只有收获了知识，才能获得真正的快乐。

【总评】

整节课学生始终处于一种非常愉悦的学习状态，大部分学生都能认真听讲、积极动脑、踊跃发言，是一节体现学生自主探究的数学课。收获如下：

（一）从生活入手，借助"方阵"帮助学生理解概念

教师从学生熟知的"方阵"入手，引导学生表达方阵、设计方阵、判别方阵，进而从能否设计成方阵的角度，让学生对数进行分类，探寻数背后因数的秘密，掌握质数、合数的概念的本质，"方阵"成为探究数的概念的有效载体。

（二）大胆放手，把学习主动权交给学生

由于学生思维的差异和观察角度的不同，课堂上产生了很多不同甚至错误的认识，面对问题，老师并没有回避和越俎代庖，丝毫没有把学生生硬地拉到分析因数的个数上来的痕迹，而是让学生在交流、倾听、辨析、归纳中发现因数个数的三种情况，从一个新的角度认识数、理解数、运用

数，成功地完成了数学知识的建构。

（三）从因数角度分析理解数，增强学生的数感

本节课引导学生从一个数包含的因数个数的角度再次认识数，丰富对数的认识，增强对数的感悟，为今后学习分解质因数、最大公因数打好基础。教师着眼于学生的可持续发展，注重教学目标的多元化，在价值目标取向上不仅仅局限于学生获得一般的知识技能，更重要的是让学生在数学学习过程中感受到数学自身的魅力，获得数学的基本思想，了解数学的价值，体验问题解决的过程。

培养数感的实践应用案例1

"百分数的认识"预习性作业

作业内容：

同学们，百分数在我们生活中到处可见，让我们搜集一下生活中有哪些百分数，并将搜集到的百分数展示一下吧！

分析与思考：

表1-1　"百分数的认识"作业设计表

搜集到的百分数	谁与谁比较	百分数表示的意义

谈收获：

你认为什么是百分数？谈一谈你的想法。

作业设计说明：

1. 设计意图：科学巧妙地布置预习性作业，有利于培养学生的自学能力，提高课堂教学效率，形成良好的思维品质。本次预习性作业通过调查

了解生活中的百分数,让学生亲身体会百分数在生活中的广泛应用,初步了解百分数的意义、写法、读法,对"百分数的认识"新授课将起到良好而有效的铺垫作用,同时在调查了解的过程中还能培养学生的数感。

2. 操作方法:学生在学习"百分数的认识"的第一天,完成本次预习性作业,当天将自己的作品带进课堂。

3. 作业评价:

(1)关注学生在搜集百分数过程中表现出来的情感、态度与价值观。

(2)关注学生对百分数意义的理解。

(3)关注学生在表述百分数意义过程中的语言表达能力和思维水平。

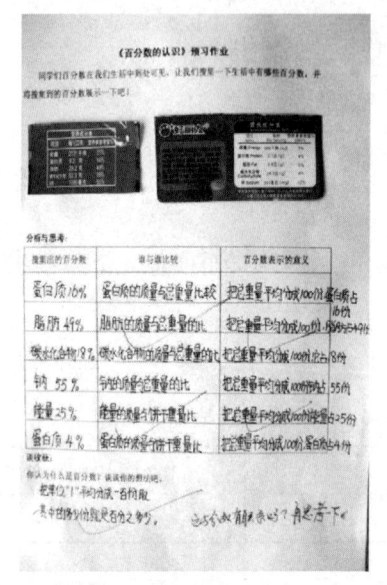

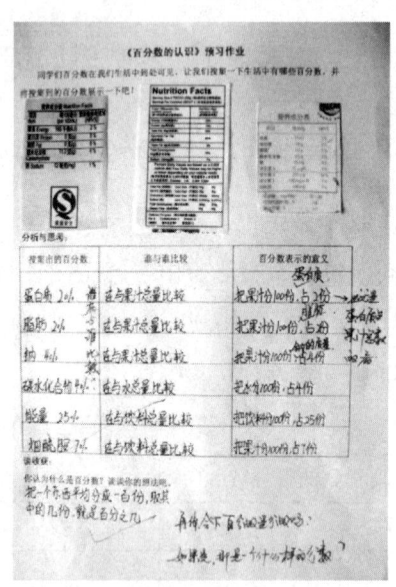

图1-11 "百分数的认识"学生作业

培养数感的实践应用案例2

"百分数的认识"巩固性作业

1. 表示( )是( )的百分之几的数,叫百分数。

2. 67%读作:( )。

3. 百分数又叫( )或( )。

4. 说出下面百分数表示的意义：

这个育林队今年植树2480棵，成活率为95%。

5. 写出百分数，并说出各数表示的意义。

（1）育红小学喜欢音乐的学生人数占全校人数的百分之五十五（　　），喜欢体育的学生人数占全校人数的百分之六十四（　　）。

（2）春光中学今年完成植树任务的百分之一百零五（　　）。

6. 读下面的句子，并说一说你对这句话的理解。

（1）我国耕地面积约占世界耕地面积的7%。

（2）2003年末，我国固定电话及移动电话用户达到53200万户。

7. 把0.97、0.08、0.6化成百分数。

8. 某中学春季计划植树250棵，实际植树295棵。实际植树是计划的百分之几？

9. 某个绿荫广场面积是1.2万平方米，其中，绿地面积是8420平方米。绿地面积占广场面积的百分之几？

10. 把下面的小数化成百分数，百分数化成小数。

（1）2.1　　0.515　　0.51　　　0.069

（2）27%　　135%　　6%　　　13.2%

11. 比较下面各组数的大小。

60%和$\dfrac{10}{7}$　　34%和$\dfrac{8}{3}$　　$\dfrac{5}{1}$和25%　　12.5和$\dfrac{8}{1}$

作业设计说明：

1. 设计意图：本次巩固性作业通过"读""写""填""判断""选择"等基本性练习，进一步巩固所学知识，使学生能正确读、写百分数，理解百分数的意义，明确分数与百分数的联系与区别，体会百分数在现实生活中的作用，帮助学生建立数感。

2. 操作方法：学生在学习了"百分数的认识"之后，综合应用已有的知识和能力完成本次作业。

3. 作业评价：评价目的是为了全面了解学生的数学学习历程，激励学生学习，改进教师的教学。评价时要注意保护学生学习的积极性，对学生出现的问题及时指出，讲明道理并指导其改正，对所取得的任何一点小进步，都要及时给予表扬，以树立学习数学的自信心。个人评价注重情感体验、知识收获、能力提高等；教师评价注重书写质量、题目完成的准确性等。

核心词之二——符号意识

何为"符号意识"

符号意识主要是指能够理解并且运用符号表示数、数量关系和变化规律；知道使用符号并进行运算和推理，得到的结论具有一般性。建立符号意识有助于学生理解符号的使用，是数学表达和进行数学思考的重要形式。[①]

怎样培养小学生的符号意识

一、认识符号，了解符号在数学中的广泛应用

数学学习中随处都可以看到符号，应该说没有符号就没有数学的存在和发展。在计数的时候，我们要用到数字符号0、1、2、3、4……9，10个简简单单的数字经过不同的组合，放在不同的位置，就能表示出各种数量的多少；"+""-""×""÷""（ ）"……这些最常见、最亲切的运算符号学生几乎天天都要和它们打交道，它们表面上看似简简单单，实际上却各有各的意义和作用，没有运算符号我们的计算就无法进行。在比较大与小、多与少时，我们要用到关系符号">""<""="……有了它们，大与小、多与少就一目了然了。我们还运用各种不同的字母符号来表示长度、面积、质量等不同的计量单位，使得计量单位书写起来简单快捷。特别是用字母表示

[①] 摘自《义务教育数学课程标准（2011年版）》第6页。

各种数和数量关系时,只需一个字母或一个含有字母的式子就可以表示出具有此种意义或关系的所有情况,不仅简洁明了,而且还具有很强的抽象性和概括性。除此之外,数学上的符号还有很多很多,作为教师要有意识地在恰当的时机介绍这些符号,让学生亲近它、了解它、喜欢它进而运用它、掌握它。

二、感知符号,感悟符号背后的意义和来历

看似简单且科学合理的数学符号来之不易,它凝聚了古往今来许许多多中外数学家的汗水和智慧。作为教师,首先要知道各种数学符号本身所蕴含的意义及其发展史,即数学符号背后的数学文化,然后再在接触学习每种符号的过程中讲解渗透。

例如,认识阿拉伯数字3(如图2-1),可以先让学生观察情境图,发现图上有3只蝴蝶、3辆汽车、3个小朋友。我们可以去除实物的外在特征,先把它们抽象成3个圆片,再用阿拉伯数字"3"来表示它们的数量。引导学生经历从实物到图片再到数字这一抽象的过程,让学生感悟到不管是什么物品,只要有3个,都可以用数字"3"来表示。然后再引导学生寻找日常生活中还有哪些"3",学生会列举出很多数量是3的例子。这样先由实物抽象出数字3,再用数字3来描述实物,经过一正一反两个过程,数字符号"3"所表示的意义就深入人心了。

图2-1 认识阿拉伯数字3

当学完0—9这10个阿拉伯数字以后,学生会读、会写数字符号,而且对数字所表示的意义已经很明确了。如果教学仅限于此,总觉得对数字符号的认识还略显单薄,对数字符号的情感还不够浓厚,怎么办呢?笔者个人认为应该回溯源头,结合直观形象的微视频领着学生再回顾一下《数字的发展史》:实物计数——结绳计数——手指计数——算筹计数——数字计数,没想到这么简单的数字竟然是数学发展史上一个伟大的创举。此时此刻,数字符号在学生心目中就变得有价值、有内涵且更有温度。

例如，学习《加减乘除四种运算》时，我们不仅要让学生认识四种运算符号、理解四种运算的意义，更要沟通符号"形"与运算"义"之间的联系，让运算符号的"形"与运算本身的"义"互相融合、互为促进。

加法是把两个数合并成一个数的运算，而"+"也是在"一横"的基础上，再移来"一竖"，表示合并、加上，即把两部分合起来。

减法是从两个数的和里去掉一个加数，求另一个加数的运算，而"-"也是从"-"里拿走一竖，即从总数中拿走、减去。

乘法是求几个相同加数和的简便运算，即同数连加，而"×"就是将"+"旋转45°得到的，这轻轻地一转充分说明乘与加有密切联系，乘是特殊的加。

除法表示平均分，而"÷"也是先写一横表示平均分，然后上下各一点表示每份同样多，与减的意义不谋而合。

以上四种运算，建议老师们在引导学生理解了运算的意义之后，借助动态演示，指明运算符号所隐含的运算意义。

三、经历符号化过程，切身体会符号的价值

符号的众多优点及使用价值，仅凭老师说一说、讲一讲是远远不够的，必须要让学生亲身经历符号化的过程，通过自主探究、合作交流、两两对比，从内心感悟其优点和价值。

例如，在学习《乘法分配律》时，必须让学生经历以下几个过程。

过程一：解决问题。教师出示芍药园与牡丹园的信息，让学生提出问题，并列式解答。

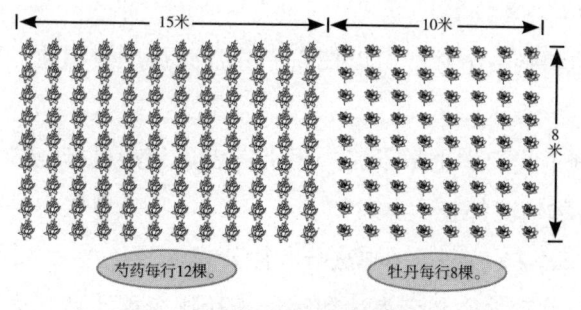

图2-2 芍药园与牡丹园的信息

（12+8）×9 =20×9 =180（棵）	12×9+8×9 =108+72 =180（棵）	15×8+10×8 =120+80 =200（棵）	（15+10）×8 =25×8 =200（棵）

图2-3 芍药园与牡丹园的计算过程

过程二：观察猜想。仔细观察这两组算式，你发现了什么？

（12+8）×9=12×9+8×9

（15+10）×8=15×8+10×8

生：前面算式都是把两个数先加起来，得出和再去乘第三个数。后面算式是用括号里的两个数分别和这个数相乘，最后再把两个积相加。两种算法的结果相同。

过程三：举例验证。大家的猜想对吗？这个猜想是不是适用于所有的数呢？请你们举几个例子来验证一下吧。

（40+8）×5=40×5+8×5

（20+18）×3=20×3+18×3

……

过程四：明理验证。引导学生从乘法的意义入手分析两边算式结果相等的原因。

（40+8）×5是求"48个5"是多少；40×5+8×5表示"40个5"加"8个5"，也是求"48个5"是多少；所以两个算式结果相等。

过程五：总结规律。通过列举大量的例子和分析，证明这个运算规律还是有道理的，我们把这个运算定律叫作乘法分配律。谁能用语言表达一下乘法分配律？

两个数的和乘一个数，可以把它们分别同这个数相乘，再把两个积相加，和不变。

这样的例子我们举也举不完，用语言表达起来也挺绕口，能不能用一个式子把所有的情况都表示出来？

$(a+b) \times c = a \times c + b \times c$（乘法分配律公式）

过程六：大家觉得文字表达和字母表达哪个更清晰，更容易理解？它们各有什么优点？

文字表达中，先是"两个数""一个数"，后面又变成"它们""这个数"。这么长的一段话，谁和谁先加、再乘，又是谁和谁先乘、再加，仍然没有说清楚。这个例子充分说明用文字不但难以理解，有时候还说不清楚，模模糊糊甚至还会出现漏洞，而要想简洁明了没有异议，用字母表达更适切。

通过比较更加凸显字母表达的优越性。与普通算式比较，字母表达具有一般性，而某个算式则具有特殊性。与文字表达比较，字母表达简洁准确，而文字表达冗长难以理解。

以上过程引导学生经历从特殊到一般、从感性到理性、从具体到抽象这一完整的乘法分配律建模过程，不仅让学生感悟"猜想、举例、验证、结论"这一科学的研究方法，更让学生切身感受到符号表达的价值：简洁、准确、抽象、概括。

再如，在学习"用字母表示数"时，更应该让学生经历符号化的过程，因为这节课最能体现符号的特点与价值。

过程一：创设情境，解决问题。课件出示班级召开"节约能源主题班会"的情境图，让学生寻找信息，提出问题，解决问题。

图2-4 "节约能源主题班会"情境图

学生会提出：一个节水水龙头2分钟、10分钟、20分钟……各能节约多少毫升水？并列式解答。

10×2，10×10，10×20……

过程二：抽象创造符号。大家能用一个式子把任何时间的节水量简明扼要地表示出来吗？

生1：每分钟节水量×分钟数=节约用水总数。

生2：10×分钟数=节约用水总数。

生3：10×？=节约用水总数。"10"表示一个节水水龙头每分钟节水数，"？"表示分钟数。

生4：10×a=节约用水总数，分钟数也可以用a来表示。

此环节给学生创设了一个创造符号的机会，让其在探究交流的过程中亲身体验用符号表示数的必要性和优越性。

过程三：在对比分析中感悟符号的价值。仔细观察这几种表示方法，哪种表示方法能把任何时间的节水量最简明扼要地表示出来？

通过对比，大部分同学都喜欢用字母表示法（10×a），因为这里的a概括了千千万万写也写不完的数，所以显得更简洁明了，既有准确性又有概括性。

这样的教学，使学生的认知从具体到抽象，充分展现了字母的现实意义和数学符号的简洁美。

四、灵活运用，强化学生的符号应用意识

在日常课堂教学中，大部分教师都会结合某些知识点引领学生创造符号，经历符号化的过程，体会符号应用的价值。可是，如果仅仅让学生局限在知道、理解的层面还远远不够，我们必须让学生在实际生活中灵活应用符号来解决实际问题。因为所学知识只有在日常生活中经常应用，巧妙应用才能真正内化成自身的一种能力。而教师的任务就是要搭建应用符号的平台。

比如，学完一年级上册"智慧广场"中的排列问题以后，我们可以让学生进行以下练习：

（一）春季运动会上，104班选出部分同学参加广播操表演

前面有6位同学，后面有5位同学，你知道104班参加广播操表演的一共有多少人吗？

6+1+5=12（人）

面对此题聪明的学生会列式计算，而空间想象力稍差的学生，便会逼着自己运用符号来画图解决。

（二）某学校周边的地图

1. 图书馆、公园、邮局、银行等地具体在什么位置，你能用数对表示出来吗？

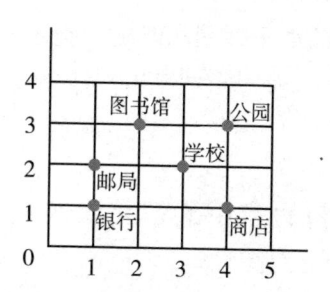

图2-5 学校周边地理位置图

生：图书馆（2，3），公园（4，3），邮局（1，2），银行（1，1），商店（4，1）。

2. 游乐场的位置是（5，3），你能在图中标出游乐场的位置吗？

此题引导学生用简洁富有特殊意义的数对符号表示具体的位置，感受运用符号的价值。

（三）某军事演习的作战地图

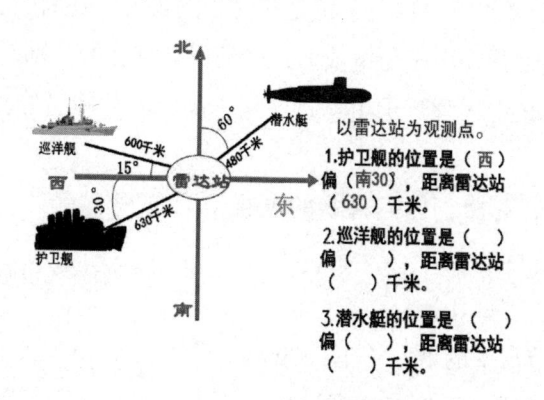

图2-6 某军事演习的作战地图

根据勘测图纸，请你描绘出潜水艇、巡洋舰及护卫舰距离雷达站的准确位置。

潜水艇在雷达站北偏东60°，480千米处。

巡洋舰在雷达站西偏北15°，600千米处。

护卫舰在雷达站西偏南30°，630千米处。

除此之外，还可以进行知识拓展，让学生查阅如何用经纬度来表示地球上某一点的位置，汽车导航系统是如何利用GPS卫星信号确定的位置坐标，并与车载导航仪内的电子地图相匹配，确定汽车在电子地图中的准确位置。通过完成以上题目，使学生感受用符号表示位置的便捷与准确。

培养符号意识的精品课例及点评1

《搭配》教学实录与评析

教学过程：

师：同学们都特别喜欢看电视，谁能告诉大家，你最喜欢哪个电视节目？

生1：我喜欢看《奔跑吧！兄弟》。

生2：我喜欢看《爸爸去哪儿》。

师：真巧，《爸爸去哪儿》也是我儿子的最爱。还有吗？

生3：我喜欢看《疯狂动物城》，这是很有寓意的一部动画片！

生4：我喜欢看《荒野求生》，这是一部惊心动魄又能教会我们求生本领的节目。

师：同学们真棒，你们喜欢的电视节目都很有意义。瞧！（出示课件）这是什么节目？

生：《爸爸去哪儿》

师：这是节目中的谁？（生：Cindy）今天，Cindy又要和爸爸去录节目了，你想知道她这一天将怎样度过吗？（生：想！）下面就让我们一起去看看吧！上课！

一、创设情境，导入新课

图2-7 服装搭配

师：请大家先看屏幕：早晨起床，妈妈精心为Cindy准备了好几件衣服，我们看看都有什么？

生：妈妈为Cindy准备了两件上衣和三件裙子。

师：是呀，准备了这么多衣服。这下可把Cindy愁坏了：如果一件上衣搭配一条裙子算一种穿法的话，猜猜看这些衣服一共能搭出多少种不同的穿法呢？

生1：我猜有4种穿法。

生2：我觉得有6种穿法。

师：这只是大家的猜测，到底有多少种不同的穿法呢？这节课就让我们一起走近搭配问题吧。（板贴课题：搭配问题）

【评析】通过综艺节目《爸爸去哪儿》导入新课，激发学生学习兴趣，使学生产生情感共鸣，把学生的注意力一下子吸引到了课堂中。然后让学生明确搭配衣服是指一件上衣和一件裙子组合，抓住了搭配问题的本质，为后面的有序思考做好铺垫。

二、自主搭配，强化有序

师：接下来，让我们发挥集体的力量，先在小组内交流搭配方法，然后分工合作，动手搭配，看看到底有多少种不同的穿法。完成后还要想一想：怎样把你们的想法清楚地介绍给大家。

学生动手操作，教师巡回指导。

（一）小组合作，展示典型

师：咱们先让第六小组同学来介绍一下他们的搭配结果，请其他同学认真听，仔细想。

组6：生1——我是贴上衣的，生2——我是贴裙子的，生3、4——我们俩是介绍搭配方法的。

师：你们组分工特别合理，老师要给你们点一个大大的赞。来，快给大家介绍介绍吧！

组6：黄衣配绿裙，粉衣配蓝裙，粉衣配黑裙，黄衣搭蓝裙，粉衣搭绿裙，黄衣搭黑裙。一共搭配出了6种方法。

师：我发现大家非常善于倾听别人的发言，这也是尊重别人的表现。其他小组有没有更清楚、更有顺序的搭配方法？

组3：我们组是这样搭配的：黄衣搭黑裙，黄衣搭绿裙，黄衣搭蓝裙，粉衣配黑裙，粉衣配蓝裙，粉衣搭配绿裙，也搭配出了6种方法。

师：从刚才的介绍中，可以看出你们小组既有分工又有合作。其实，合作学习就是一个积极参与、相互配合、共同提高的过程。（板贴：会合作）

（二）对比思考，强化有序

1. 优化方法一（用上衣分别搭配裙子）

师：上面这两种搭配方法，你更喜欢哪一种，为什么？

生：我更喜欢第三小组的方法，因为这样有顺序。

师：哪里有顺序？

生：他们都是先用黄上衣搭配裙子，再用粉上衣搭配裙子。

师：你真是个善于观察的孩子！（板贴：会观察）其他同学喜欢哪种方法？

生：我也喜欢第三小组的方法，因为这样有顺序。

师：那第六小组的方法怎么就不好了？

生：他们一会儿搭黄上衣，一会儿搭粉上衣，想起什么就搭什么，很乱没有顺序，这样很容易漏掉。

师：是啊，像第三小组这样先用黄上衣分别搭配3条裙子，再用粉上衣分别搭配3条裙子的方法就是有序搭配，有序思考（板贴：有序思考）。有序思考是学习数学很重要的一种方法，如果你跟它交上了朋友，搭配问题就会变得很简单。

师：（课件回放搭配过程）在搭配的过程中，我们可以先选上衣，与裙子进行搭配：如果想穿黄上衣，有几种搭配方法？（生：3种）如果想穿粉上衣呢？（生：3种）一共有几个3？（生：2个3）怎样列式？（生：3×2=6）

3   3

2×3=6（种）

图2-8 服装搭配方法1

2. 优化方法二（用裙子分别搭配上衣）

师：搭配时，我们可以先选上衣，也可以先选裙子。如果先选裙子该怎样进行有序搭配呢？哪位同学能一边贴一边给大家介绍一下！

生1：用蓝裙子搭配黄上衣，用蓝裙子搭配粉上衣。

师：哦，如果选蓝裙子，一共有两种搭配方法。如果选绿裙子、黑裙子又该怎样有序搭配呢？

生2：绿裙配黄衣，绿裙配粉衣；黑裙搭粉衣，黑裙搭黄衣。

师：大家有没有发现什么规律呀？谁来说一说？

生3：一件裙子可以与两件上衣搭配，3件裙子就能搭配出3个2。

师：你真是一个既会观察又会思考的孩子。

$3\times2=6$（种）

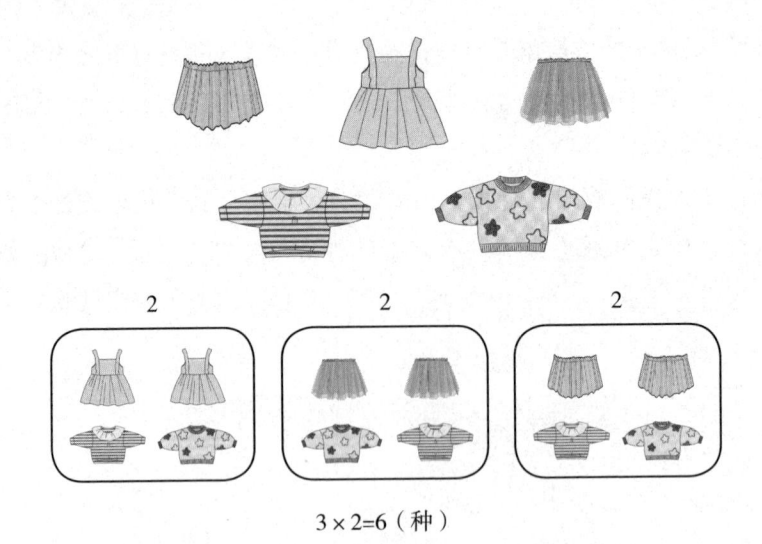

图2-9　服装搭配方法2

师：（课件回放搭配过程）大家看，如果想穿绿裙子，有2种搭配方法；如果想穿黑裙子，有2种搭配方法；如果想穿蓝裙子，也有2种搭配方法。一共有几个2？（生：3个2）怎样列算式？（生：$3\times2=6$）

师：看来，不管是先选上衣，还是先选裙子，只要做到有序搭配，都能快速准确地找到6种搭配方法。【板书：$2\times3=6$（种）】

3. 培养学生的审美能力

师：（课件出示最终搭配结果）下面让我们一起来欣赏一下搭配的结果吧！你们看将不同颜色、款式的上衣和裙子进行搭配，搭配出的效果也不一样。有的鲜亮明快，有的雅致沉稳，它们各自有着各自不同的美。

【评析】在本环节的探索活动中，老师给予学生充足的时间，通过积极参与、合作分工、动手搭配，探索一共有几种搭配方法，使学生感悟有序思考对于解决搭配问题起到的关键作用。当学生先用上衣进行有序搭配之后，老师又引导学生从另一个角度思考问题，尝试先用裙子来进行有序搭配，从而培养学生多角度、多维度分析问题的思维习惯，培养学生敢于探索、勇于创新的科学精神。

（三）简化方法，渗透符号

师：刚才，我们按照一定的顺序搭配出了6套不同的衣服，帮助Cindy解决了穿衣问题。现在Cindy的妈妈正在为她准备早餐呢。快看看，妈妈准备了几种饮料？几种点心？

牛奶　　　果汁

面包　　饼干　　油条　　汉堡

合理的早餐是一种饮料搭配一种点心。

图2-10　早餐搭配

生：两种饮料，四种点心。

师：合理的早餐应该是一种饮料搭配一种点心，如果不摆图片，你能用什么好办法将所有的搭配清楚地表示出来呢？大家先独立思考，然后在小组内说一说自己的想法，并把想法记录在①号答题纸上。

小组合作，教师巡回指导。

师：有答案了吗？哪个小组先来说一说你们的方法？

1. 文字列举法

组1：我们采用的是文字记录法：牛奶搭面包，牛奶搭饼干，牛奶搭油条，牛奶搭汉堡；果汁搭面包，果汁搭饼干，果汁搭油条，果汁搭汉堡。一共有8种搭配方法。

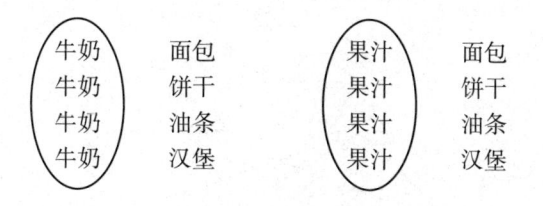

牛奶　面包　　果汁　面包
牛奶　饼干　　果汁　饼干
牛奶　油条　　果汁　油条
牛奶　汉堡　　果汁　汉堡

图2-11　组1列举

师：第一小组同学用文字把所有的搭配情况都列举出来了，这种方法叫作文字列举法。如果把这8种情况分类，你想怎么分？

生：牛奶搭配的分一组，果汁搭配的分一组。（该生边说老师边用红笔圈出来）

师：是啊，牛奶与四种点心的搭配分成一类，果汁与四种点心的搭配分成一类。你们看，这样一分就让我们清楚地看出，这种搭配方法是有序搭配、有序思考的结果。

2. 符号连线法

师：还有比文字列举更简洁的方法吗？

组4：我们用△表示饮料，用□表示点心，然后用连线进行搭配。第一种饮料可以搭配四种点心，第二种饮料也能搭配四种点心。

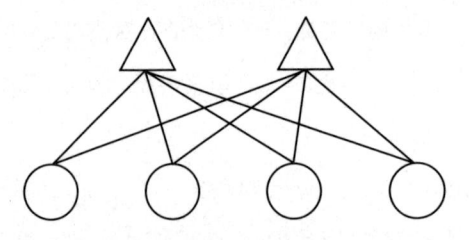

图2-12 组4列举

师：大家看明白了吧，他们用△和□代替图片和文字真是太简洁了，这就是用符号表达的优势，我们通常把这种方法叫作符号连线法。受你们的启发，老师也想来画一画。

师：有两种饮料就画2个△，有四种点心，就画4个○。第一种饮料可以搭配四种点心，第二种饮料也可以搭配四种点心，一共有几个4？（生：2个4）怎样列算式？（生：2×4=8），一共搭配出了8种方法。（课件演示符号连线全过程）

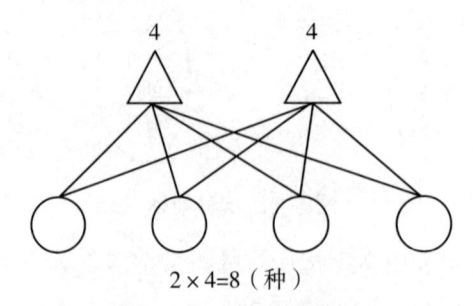

2×4=8（种）

图2-13 早餐搭配方法

3. 优化方法

师：到目前为止，我们一共学习了几种搭配方法，分别是什么？

生：三种，图片搭配法、文字列举法和符号连线法。

师：请把小眼睛转移到大屏幕上，对比一下这三种方法，你更喜欢哪一种？为什么？

生1：我喜欢符号连线法，因为既简单又清楚。

生2：我也喜欢符号连线法，因为它比文字列举法和图片搭配法更简单、更清楚。

师：说得真好！用符号代替实物，用连线表示搭配，确实是一种非常简单的数学方法。简洁是符号连线法的最大优点，也是数学学科永恒的追求。但是不论用什么方法搭配，要想做到不重复、不遗漏，必须要注意什么？（生：有序思考）

4. 教育小短片：吃早餐的重要性

师：我们已经帮助Cindy搭配出了8种早餐。那么，什么样的早餐才更科学、更有营养呢？下面就让我们一起来看一段小视频《早餐中的学问》。

师：看完视频，想一想，我们应该怎样吃早餐呢？

生1：早餐不能挑食，要注意荤素搭配。

生2：早餐一定要喝牛奶，吃鸡蛋。

生3：早餐还要适量吃点儿水果。

师：是啊！我们的身体每天需要吸收大量的营养物质，大家不仅要养成吃早餐的习惯，还要科学合理地搭配早餐，只有这样，我们才能健康成长。

【评析】本环节，先介绍文字列举法，培养学生用数学的语言表达实际问题的能力。再介绍符号连线法，进一步体会符号的简洁美和数学的符号化思想。最后，通过播放《早餐中的学问》小视频，让学生感知合理搭配早餐的重要性。

三、运用连线，体会繁杂

（一）试用连线法，体会全连的繁杂

师：刚才，同学们通过画一画、连一连，帮助Cindy完成了早餐的搭配问题。快看，现在Cindy又和爸爸来到了哪里？

生：他们来到了广州的长隆野生动物园。

师：是啊，快看看，这里都有哪些可爱的动物呀？

生：有大象、老虎、长颈鹿、熊猫……

师：看到这么多可爱的动物，他们特别高兴。栏目组要求5位小朋友每个人都要分别跟3个小动物各合一张影。请问：有多少种不同的搭配方法？

栏目组要求5位小朋友每个人都要分别跟3个小动物各合一张影，请问：有多少种不同的搭配方法？

图2-14　合影搭配

师：看到这个问题，你有什么疑惑吗？

生1：5位小朋友每个人都要分别跟3个小动物各合一张影，这句话是什么意思？

生2：就是每一位小朋友都要和三只动物合影。

师：这位同学解释得非常准确，每一位小朋友都要和三只动物合影。那你能在两分钟内，用自己喜欢的方法表示出所有的搭配吗？快速拿出②号答题纸，计时开始！

学生独自完成。

师：时间到！完成了吗？谁愿意上来展示一下？

生：我用3个△表示三只小动物，用5个○表示五个小朋友。第一只动物和五个小朋友分别合影，第二只、第三只小动物也分别和五个小朋友合影，一共有15种搭配方法。

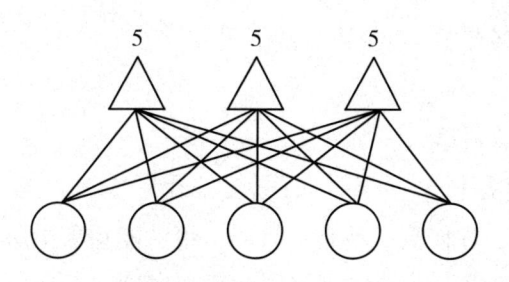

图2-15　合影搭配1

师：说得真清楚，咱们一起来数一数一共有多少种搭配方法。（生：15种）在数的过程中你有什么感觉？

生：线太多、太乱了。

师：是啊！画的线太多了，太乱了。大家认为这里所有的线都需要连吗？去掉一些可不可以呢？同桌之间互相商量商量。

（二）只连一组，数形结合

师：大家有想法了吗？

生1：我们只要连好第一组就行了，第一组有5种搭配，第二组、第三组不用连线也能知道有5种搭配。

师：只连一组真是既清楚又简洁，谁能讲得再清楚一些？

生2：连一组是1个5（出示：1个5），两组是2个5（出示：2个5），三组就是3个5（出示：3个5）。所以说，只连一组就能想出有3个5。3×5=15（种）

师：大家看明白了吗？连出一组便可以想象出其他几组，这种方法太有创意了。

3×5=15（种）

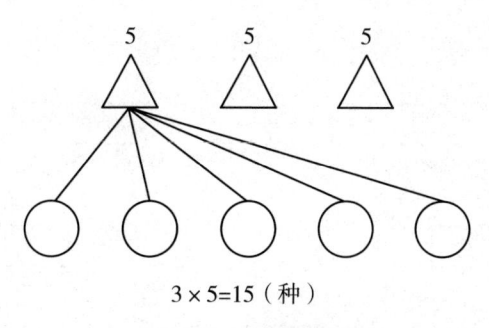

图2-16　合影搭配2

师：看到大家玩得这么高兴，小孔雀也来参加合影活动了（课件）。

你知道，现在一共有多少种搭配方法了吗？

生：20种。

师：你怎么算得这么快呢？

生：因为刚才是3个5，小孔雀来了就多了1个5，就是4个5，4×5=20（种）。

师：孩子们，你们真了不起！只连一组就能想象出所有的搭配，使搭配问题变得更简单了。像这样，将数和形巧妙地结合在一起的方法，就叫作数形结合。

【评析】此环节创设和小动物合影的情景有两个目的，一是唤醒学生爱护小动物、保护小动物的意识；二是为探寻更简洁的搭配方法提供活动载体。通过实际操作，学生切身感受到全部都连的杂乱烦琐和只连一组的简洁明了，培养学生用数学的眼光观察现实世界，用数学的思维解决实际问题的能力。

四、回顾整理，引领提升

师：现在，让我们一起来回顾一下刚才的探究过程吧！我们先尝试用图片搭配法，明确了有序思考的重要性；然后通过列举法、连线法，总结出更简洁的搭配方法"只连一组"。通过这节课的学习，老师发现，你们不仅知识和方法掌握得很好，更重要的是会用耳朵倾听他人的发言、会用眼睛观察搭配的方法、会清楚地表达自己的想法，还会用心地思考问题。快看看，它们组成了一个什么字？（生：聪）老师希望大家今后继续努力，争取让自己变得越来越聪明！

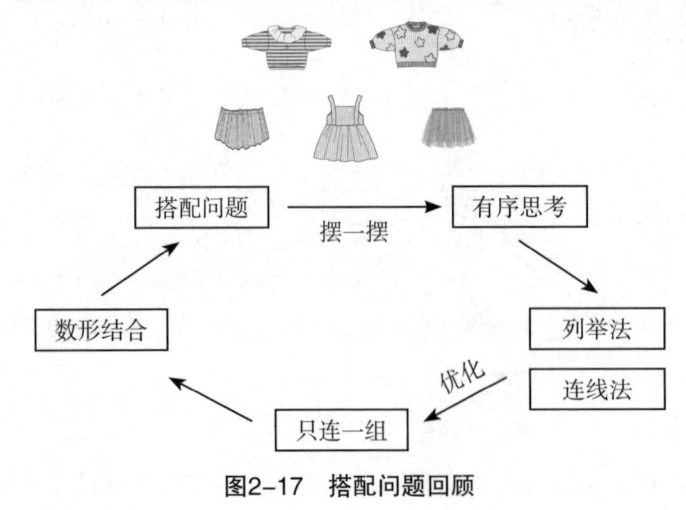

图2-17 搭配问题回顾

【评析】在本环节中，运用多媒体课件，梳理本节课的知识和方法，然后进行德育渗透。让学生充分感知，会倾听、会观察、会表达、会思考、会合作，这五种思维品质给他们的学习带来了积极影响，培养学生做事严谨、一丝不苟的学习习惯。

【总评】

《搭配》是整个规律教学体系中的一课，本节课的教学目标不仅仅是为了让学生掌握一条规律，更是为了让学生在课堂中了解生活中常见的食物搭配、服饰搭配等搭配问题。让学生充分认识到，有些生活现象也可以用这条规律来诠释。学生不仅要掌握知识，更要学会解决问题的多种策略和方法，提高学生自身的数学迁移、类推能力。在回顾的时候发现，本节课主要有以下几个特点：

（一）基于教学目标，重组生本化课时教学内容

1. "替换"让情境更生动。将原教材中呈现的几个零散孤立的生活情境替换成《爸爸去哪儿》中三个连续的生活情境：Cindy早晨起床的穿衣搭配问题→Cindy的早餐搭配问题→Cindy游玩中的拍照搭配问题，一条主线体现了整体美。

图2-18 搭配问题教材情景更新——情境更生动

2. "增加"使方法更简洁。原教材中只用文字连线法进行有序搭配，处理后的教材基于学生实际和数学学科的特点进行拓展延伸，用符号连线法和只连一组法，渗透符号意识，充分体现数学的简洁美。

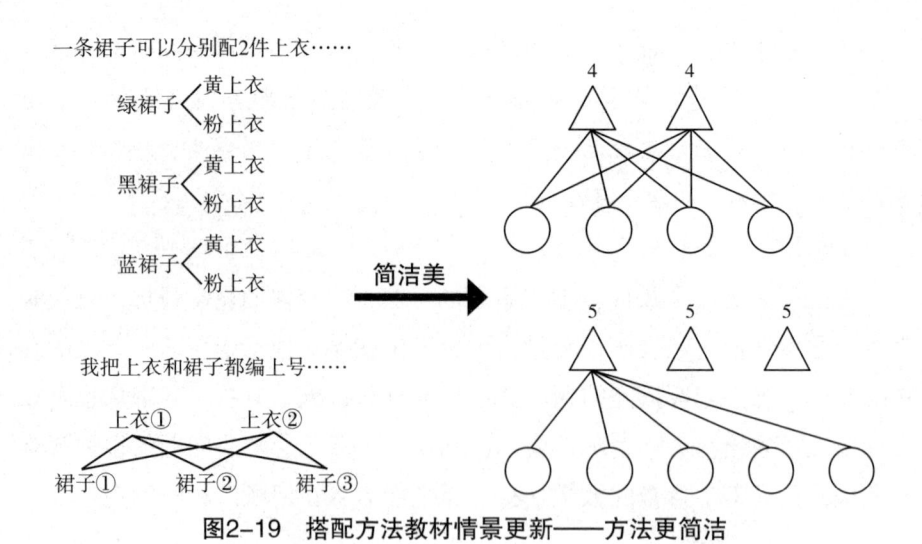

图2-19 搭配方法教材情景更新——方法更简洁

3. "拓展"中关照学生差异。教材连线之后,没有引入乘法,而对于中等以上的学生来说,看着图形很容易就能列出乘法算式。所以本节课引导部分学生用乘法解决问题,沟通了前后知识之间的联系,充分体现了差异美。

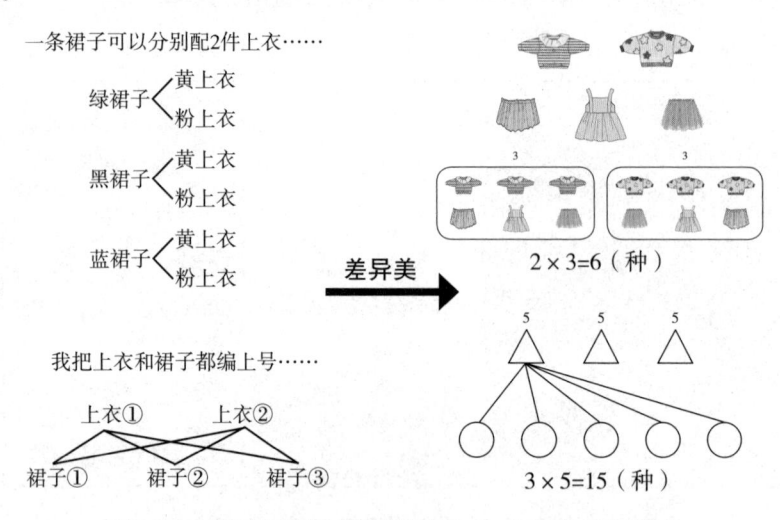

图2-20 搭配拓展教材情景更新——与乘法有机结合

(二)在解决问题时,渗透数学思维简洁之美

1. 联系生活,在解决问题中积累数学活动经验。本节课的素材都是学生日常生活中常见之事,在解决实际问题的过程中,教师引领学生积极参

· 044 ·

与、合作分工、动手搭配，在探索准确简洁的搭配方法的同时，积累数学活动经验，充分感受数学在生活中的作用。

2. 层层深入，在探寻搭配方法中感受数学思维简洁之美。本节课教师结合三个情景，引领学生循序渐进、层层深入地解决问题，在实践操作中感受数学思维的简洁之美。首先通过搭配衣服，让学生运用图片搭配法，找到有序搭配的方法，感悟有序思考的重要性。然后结合早餐搭配问题，让学生摆脱图片的约束，探寻更简洁的搭配方法（文字列举法和符号连线法），充分体会用图形代替具体事物的简洁性，体现数学的符号化思想，让学生在对比中初步具备符号意识。最后结合拍照的搭配问题，让学生体验全部连线的烦琐，渗透只连一组的简洁，引导学生再一次感受数学思维的简洁之美。

培养符号意识的精品课例及点评2

《用字母表示数》教学实录与评析

教学过程：

一、创设情境，导入新课

师：同学们，地球是我们人类唯一的家园，但是随着人口的不断增长和人们无节制的开发利用，地球资源越来越少了，想一想平时我们都有哪些浪费资源的现象呢？

生1：洗手洗碗时，水流很大且洗得时间长。

生2：洗衣服用完的水直接流走，没有进行二次利用。

生3：家里很多电器插头不用时也都插在插座上。

生4：晴天时教室里开着灯，上体育课或放学时忘记关灯，很浪费电。

生5：有的同学经常剩菜剩饭，吃馒头时还把皮剥掉。

……

师：大家说的都是生活中极普遍的浪费现象，如果我们人人都能争做节约资源小能手，注意节约每一度电、每一滴水，日积月累真是一个不小的数目呢？不信，请看（出示情境图），你发现了哪些数学信息？

生：一个节水水龙头每分钟可节水10毫升。

师：看到这个信息，你能提出一个用乘法解决的问题吗？

【评析】本环节通过让学生提出浪费资源的现象，自然引出数学信息，继而引导学生提出数学问题，极大地激发了学生的学习兴趣。

二、合作交流，探究新知

（一）情境中产生需要

生1：节水水龙头2分钟节水多少毫升？

生2：节水水龙头3分钟节水多少毫升？

生3：节水水龙头6分钟节水多少毫升？

生4：节水水龙头8分钟节水多少毫升？

……

教师边板书边问：类似这样的问题能提出多少？

生：能提无数个。

师：请同学们根据所提出的问题列出算式。

（学生列式，教师板书）

板书：2分钟节水多少毫升？3分钟、6分钟、8分钟……

时间（分钟）	节水（毫升）
2	10×2
3	10×3
6	10×6
8	10×8

师：20分钟呢？40分钟呢？继续提出这样的问题，这样的算式能不能写完？

生：不能。

师：写也写不完，一个式子只能表示一种具体情况，那么能不能想个简单的方法，把无论多少分钟节约的水量都表示出来呢？

学生静静地想。

师：真好，就这样静静地思考。想好了，写在1号题纸上，如有困难小组讨论。

学生独立思考，教师巡视并收集学生作品。

（二）探究中体验简洁

师：很高兴看到所有同学都能积极思考，老师搜集了一些有代表性的作品，一起来看。

组1：用每分钟节约水量（10）乘分钟数，就等于节约用水总数。

组2：10×分钟数=节约用水总数。

师：这两种表示方法，可以吗？

生：可以。

师：比较这两位同学的表示方法，你发现了什么？

生：都是乘10。

师：是啊，这里的10表示什么意思？

生：每分钟节约用水数。

师：对，他们抓住了变化中的不变，同时也都把刚才这一列变化的数概括成（生：分钟数），正因为一个节水水龙头每分钟可节水10毫升，所以10×分钟数=节约用水总数，既准确又清楚。像这样选择文字语言描述规律的同学举手。

组3："10×？"，10是一个节水水龙头每分钟节水数，"？"表示分钟数。

师："？"可以表示多少分钟？

生："？"可以表示6分钟、10分钟、54分钟等任何时间。

师：哦，字也不写了，用符号表示时间，既准确又清楚。像这样，选择用符号表示规律的同学举手。

组4：10×a，用a表示任何分钟数。

师：好，用字母也可以表示数。选择用字母表示规律的同学举手。

师：文字、符号、字母，比一比，现在你更喜欢哪种方法？

生：我喜欢第三种方法，我觉得用字母表示很简单，也很清楚。

生：我喜欢用符号或字母表示，因为简单。

生：我喜欢第一种方法，我觉得用文字语言描述很清楚。

师：喜欢用文字语言描述规律的举手。（有个别学生举手）

师：喜欢用符号、字母描述规律的举手。（大部分同学都举手）

师：同学们的选择虽然不同，但有相同的理由——简洁明了。（板书：简明）

师：字母比文字、符号更方便世界各国的人们交流，概括了千千万万写也写不完的数（板书：概括），所以显得更简洁明了。数学中，经常用字母表示数。（板书课题：用字母表示数）

（三）回顾中获得提升

师：刚才同学用a表示（生：分钟数），用$10×a$表示（生：节约用水总数）。还有用不同字母表示的吗？

生：用b表示分钟数，$b×10$就表示节约用水总数。（板书：$b×10$）

师：其实，不同的字母都可以表示时间，在数学上，通常用字母t表示时间，t分钟节约用水可以表示为……

生：$10×t$。

师：t可以表示什么数？

生：表示任何数。

师：像这样，当表示某个量的数可以不断变化的时候，我们就可以选择用字母来表示。

【评析】这一教学环节让学生自主提出问题、解决问题，亲身体验用写不完的算式表示时间和节约用水总数之间的关系非常麻烦。能不能用一个式子简明地表示出任何时间的节约用水量呢？此时老师已成功地为学生创设了一种与原有认知的冲突和急需一种新认知的心理需要。在此基础上，再大胆放手让学生小组内合作、讨论，共同探究，用字母表示数字就显得水到渠成、确有必要。学生用文字、符号、字母等来表示数，反映了学生最初的符号化思想，通过比较让学生初步感受用字母表示数的简洁明了，激发学生爱符号、用符号的意识。

三、讨论辨析，深化理解

（一）互动交流

师：初学用字母表示数，你们就能学得这么好，真为你们骄傲。（面向一位同学）你叫什么名字？几岁了？

生：曹××，10岁了。

师：同学们，快速抢答，小曹同学2年前几岁？

生（齐）：8岁。

师：5年后呢？

生：15岁。

师：能利用刚学的知识，想办法表示小曹同学任意一年的年龄吗？

生：用a表示他今年的年龄，往后几年就加几，往前几年就减几。

师：说明他的年龄是变化的，怎样表示更好呢？

生：直接用字母表示。比如：b。

师：好，就用b表示。（板书：小曹的年龄b）现在猜猜我多大？

生：25岁。

师：谢谢，很高兴在你心中老师风华正茂。

生：20岁。

师：呵呵，照这样猜，很快我就要和你们同龄了。好了，不乱猜了，送你们一把钥匙。（板书：老师的年龄b+20）再猜，我今年多大？

生：30岁。

师：快说一说这次怎么一猜就准？

生：b表示小曹的年龄，如果他今年10岁，那么b就等于10，b+20=10+20=30。

师：听明白的坐好。他是从这个含有字母的式子里（指b+20）看出老师比小曹大20岁，小曹比老师小20岁。用c表示老师任意一年的年龄，小曹的年龄怎样表示？

生：c-20。因为老师c岁，小曹比老师小20岁，所以是c-20。

师：好，有理有据。（板书：c-20）

（二）代入求值

师：当c=50时，你们先知道了什么，又知道了什么？

生：老师50岁的时候，小曹是50-20=30岁。

师（板书）：当c=50时，c-20=50-20=30。

小曹的年龄是30岁。

师：当c=500呢？（学生笑）怎么笑了？

生：人不可能活那么大。

师：你的回答，让我们再次注意到：这里的c表示老师的年龄，它表示的数必须符合人的年龄现状。（出示资料：据资料显示，人类最高寿命目前普遍认为是120岁左右）

师：（小结）从刚才的学习中，我们知道了含有字母的式子可以表示数，也可以清楚地表示数量关系。字母在数学中有广泛的应用。

【评析】教师利用年龄的问题，谈话式的交流，不但拉近了师生之间的关系，缓和了课堂的紧张气氛，而且进一步让学生感受到数学与生活的密切联系。以教师与学生年龄为研究对象，继续探究如何用含有字母的式子表示数，并理解含有字母的式子所表示的数量关系，进一步体验符号的作用，增强学生的符号意识。

四、趣味应用，综合提高

（一）看图列式

每小杯果汁_____毫升。　　　红绳长约_____米。

图2-21　看图列式

（二）解决问题

小明家原来每年的电费是m元，现在每年节省电费150元，节约电费后每年的电费是多少元？当m=900时，节约电费后每年的电费是多少元？

（三）趣味拓展

师：出示儿歌，生齐读：

一只青蛙一张嘴，两只眼睛四条腿，扑通一声跳下水。

二只青蛙二张嘴，四只眼睛八条腿，扑通两声跳下水。

三只青蛙三张嘴，六只眼睛十二条腿，扑通三声跳下水。

师：同学们发现有什么规律？你能接着往下唱吗？

生：嘴的数量和青蛙的只数一样多，腿的条数总是只数的4倍，眼睛的只数总是青蛙只数的2倍，声音和青蛙的只数一样多。

学生往下唱。

师：你们能唱完吗？

生：不能。

师：能不能用今天所学的知识，把这首唱不完的儿歌唱完？

生："a只青蛙a张嘴，$2a$只眼睛$4a$条腿，扑通a声跳下水"。

学生再用其他字母来表示。（略）

齐读儿歌。

【评析】"意犹未尽，乐此不疲"是我们追求的最佳教学效果。课尾，教师别具匠心地设计了一则"读儿歌"的游戏，既深化、巩固了新知，也让学生真切地感受到：生活中处处有数学，数学并不是想象得那么枯燥乏味，而是充满情趣、富有意义的。

五、生谈收获，全课总结

师：通过这节课的学习，你们有什么收获？

生谈收获（略）。

师：用字母表示数，用含有字母的式子表示数量关系在生活中的例子数不胜数。回去之后，同学们不妨用眼多观察，用脑多思考，一定可以找到许多例子。

【评析】让学生谈收获，综合所学知识，巩固新知。布置课外作业，可以让学生真正学以致用，真正体验生活中的数学知识。

【总评】

"理念新，双基实"是本节课非常突出的优点，具体表现在：

联系实际，激发学习兴趣。新课程标准明确提出：数学教学活动必须建立在学生的认识发展水平和已有的知识经验基础之上。强调从学生已有的生活经验出发，让学生亲身经历将实际问题抽象成数学模型并进行探究与应用的过程，进而使学生获得数学理解的同时，在思维能力、情感态度和价值观等多方面得到发展。本节课教师始终围绕学生的生活实际，发掘学生身边的数学素材，如：节约用水、师生的年龄、儿歌等，以此贯穿全课，使学生充分经历了知识的发生、形成、发展和应用的全过程，感受到生活中处处有数学，体验到数学的魅力与价值。

经历过程，感受符号的简明。新《课程标准》指出："学生是数学学习的主人""有效的数学学习的活动不能单纯地依赖模仿与记忆，动手实践、自主探索与合作交流是学生学习数学的重要方式"。因此，教师在课堂上应相信学生，大胆放手，让学生积极参与，最大限度地给学生以自主学习的机会。教学中教师通过提问"你能用一个简明的式子表示出任何时间节约用水量吗？"还学生以自由思考的时间和空间，让学生在面对实际问题时运用所学的数学知识和方法寻求解决问题的途径。同时，让学生在小组内相互商量，鼓励学生说出自己的想法。因此，学生出现了用文字表示、用图形表示、用符号表示和用字母表示等多种表示方法。学生在探索过程中最大限度地发挥自主性和潜在的创造力，亲身体验用字母表示数的简洁明了，进而激发学生爱符号、用符号的意识。

练习设计巧妙，训练扎实。本节课中老师很好地继承和发扬了我们教学中传统的做法，即"双基实，变式精"，充分做到了"分层练习有保证、变式练习有体现"。在练习与应用中，教师精心设计了一系列有层次、有坡度的练习题，并且都是以生活为素材，使学生在解决一个个现实问题的同时，"双基"得到了进一步的夯实与提高，也为后续学习打下了坚实的基础。

整堂课教学设计结构严谨、条理清楚、层层深入。既重视了知识本身的建构，又重视了课堂结构的建构，充分体现了学生从"问题情境——建立数学模型——解释、应用与拓展"的意义建构的学习过程。

培养符号意识实践应用案例

《小小调查员》
——扇形统计图的实践应用

作业内容：

根据学过的扇形统计图的知识，组织学生开展"小小调查员——扇形统计图的应用"的实践活动。具体安排如下：

第一步：确立调查主题（一个你关心或感兴趣的事件），形成"小小调查员——扇形统计图实践作业"的活动方案。

第二步：小组合作，收集、整理信息，绘制扇形统计图。

第三步：结合统计图分析问题，提出合理化建议。

作业设计说明：

1. 设计意图：融入生活，学以致用。综合运用已学过的统计知识，让学生自己尝试做一个调查员。通过收集资料、整理信息与绘制扇形统计图，巩固已学过的统计知识，培养学生的数学意识，感受统计符号在日常生活中的应用价值，提高学生利用数学知识解决实际问题的能力和综合应用知识的能力。把教室"小课堂"中所学的知识应用于生活"大课堂"之中，让学生走向社会，有利于提高学生解决问题的能力。自主组合，合作学习。根据所选主题，学生自主组合活动小组，小组成员在交流质疑、合作探究中调查研究、分析决策，有利于培养学生与他人合作、相处、共事的能力。

2. 操作方法：采用校内活动和校外活动相结合的方法进行。校外主要是利用双休日时间，学生自愿组成3—4人的活动小组，开展调查活动。具体过程如下：

第一步：学生经过讨论，确定调查主题（一个你关心或感兴趣的事件），并制订活动方案。

第二步：合理分工，利用课余时间收集所需信息、整理信息，小组合作完成绘图。

第三步：结合统计图分析问题，提出合理化建议。

3. 作业评价：采用教师评价、学生评价和小组互评相结合的方式进行评价。教师评价注重调查内容及合作情况；个人评价注重活动中的情感体验、知识收获和能力提高；小组互评注重情感态度与合作情况。

作业样本展示：

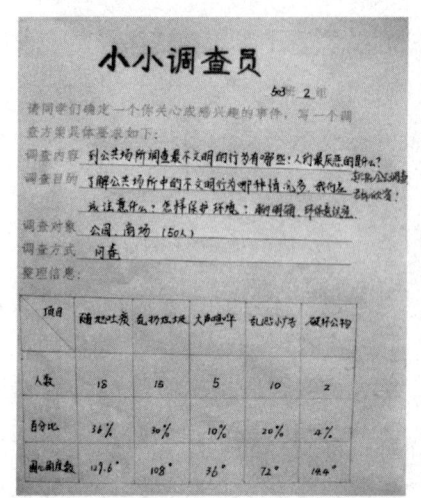

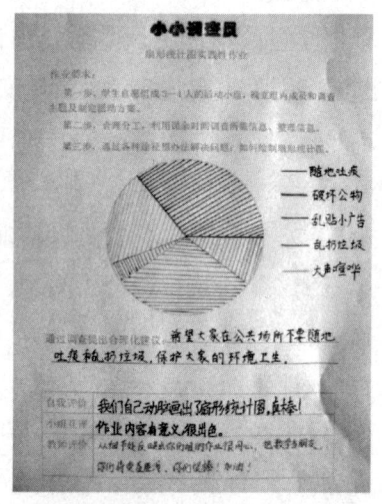

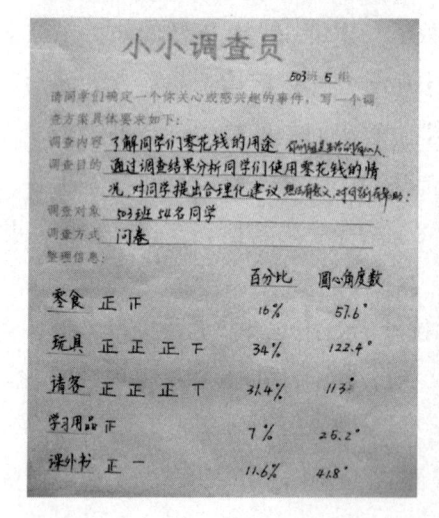

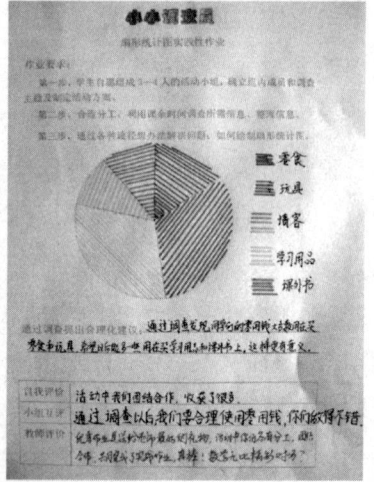

图2-22　作业样本展示

核心词之三——空间观念

何为"空间观念"

2011版新课标关于空间观念是这样阐述的:"主要是指根据物体特征抽象出几何图形,根据几何图形想象出所描述的实际物体;想象出物体的方位和相互之间的位置关系;描述图形的运动和变化;依据语言的描述画出图形等。"[1]

空间包括三个维度:三维空间——立体图形,二维空间——平面图形,一维空间——线形图形。

空间观念的第一句要求学生能灵活熟练地进行二维与三维图形之间的互为转换。第二句是指想象描述物体之间的方向和相对位置,主要包括两种类型:一是给出中心点,判断某一物体位于中心点的某方向,比较简单;二是两个物体之间的相互位置关系,判断起来有一定难度。第三句是图形的运动与变化,其中对称、平移、旋转三种运动,在形状大小不变的情况下位置发生了变化;而把图形按一定的比例放大或缩小,则是位置不变的情况下大小发生了变化。第四句话主要是结合图形的特征描述画出图形。

---

[1] 摘自《义务教育数学课程标准(2011年版)》第6页。

小学阶段空间观念的主要表现如下图：

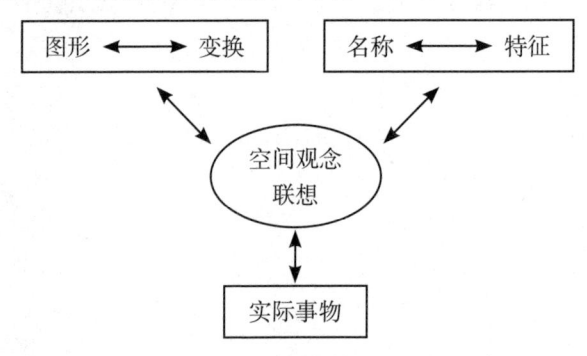

图3-1 小学阶段空间观念

怎样发展学生的空间观念

小学生空间观念的建立和发展需要经过一个漫长的过程，在日常学习和生活中要对学生进行有意识的培养。因此，教师要结合空间观念概念中的四个方面，充分运用观察、操作、想象等多种策略，由直观到抽象、由低级到高级，逐渐形成并发展空间观念。

一、在二维与三维图形的相互转换中培养空间观念

面从体中来，体由面组成，二维与三维图形之间你中有我、我中有你，两者之间既有联系又有区别。青岛版教材在二维与三维图形相关内容的编排上遵循了循序渐进的原则，分为以下四个层次：一是初步认识立体图形长方体、正方体、圆柱和球。二是初步认识常见的平面图形，并且让学生经历"面"从"体"中来的过程，体会面与体之间的联系。三是深入认识平面图形，掌握其各自的特征及周长面积的计算方法。四是深入学习立体图形的特征及表面积、体积和容积的计算方法。教师要充分理解教材的编写意图，在教学过程中要将两者有机结合，在互相转换中深入认识平面图形与立体图形，培养学生的空间观念。

（一）借助观察、操作、想象等活动充分认识各种图形

例如，一年级上册《认识图形》一课，教师可以引导学生在观察、操

作、想象、表达中初步认识立体图形，建立空间观念。

环节一：摆积木，在操作中初步感知形状的不同

教师为每个小组提供若干立体实物，小组合作利用这些实物进行拼搭，并思考在拼搭的过程中发现了什么特征？遇到了什么困难？

生1：我发现这个易拉罐竖着放能立起来，但是躺着放就会滚动。

生2：我发现这个药盒方方正正，很好拼搭，即便放到另一个盒子上面也非常平稳。

生3：我发现这个球很难拼搭，因为它很容易滚动。

师：同学们既会拼搭又会思考，正因为它们的形状不同，所以才会有这么多不同的特点。

环节二：分分类，在观察与操作中感知图形特点

小组合作将物体按照形状分类：在分类的过程中再次感知特征。

生1：我们分了两类。一类不会滚动，一类会滚动。

生2：会滚动的又被我们分成两类。一类可以朝很多方向滚动，一类只能朝一个方向滚动且有平面能立起来。

生3：我们分了四类。不会滚动的分两组：方方正正的一组，又长又方的一组；会滚动的分两组：圆圆的一组，像柱子似的一组。

师：我发现大家不仅会观察，而且还很会分析问题！这些物体可以分为四类：长长方方的一类是长方体，方方正正的一类是正方体，圆圆的能到处乱滚的是球，像柱子一样的是圆柱。

环节三：巧探究，在操作、表达与想象中建立空间观念

师：那么这几类立体图形分别有什么特点呢？请大家通过看一看、摸一摸、想一想、说一说来找一找它们的特点。

环节四：做游戏，在想象与操作中发展空间观念

我说你摸：口袋里装一些学具，生1说立体图形名称，生2想象它的样子和特点后从袋子里摸出这一立体学具，生3说一说这一立体图形的特点。

以上教学片段，通过观察看特点，通过操作找特点，通过表达说特点，通过想象建立表象，通过画图进行抽象……在由物到形再到物的过程中认识立体图形，建立空间观念。

（二）借助观察、操作、想象等活动实现二维与三维图形的转化

例如，在学习三维立体图形时，可以借助观察、操作、想象等活动，帮助学生在完成二维与三维图形转化的同时建立空间观念。

1. 以下哪些图形是正方体的表面展开图？

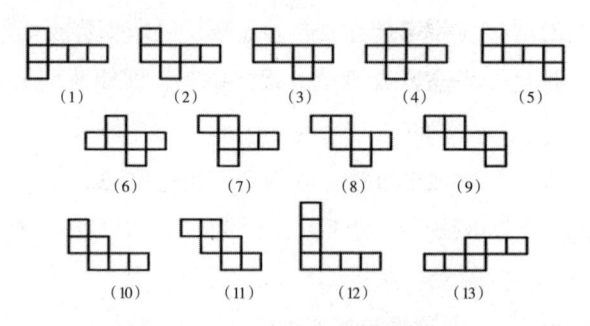

图3-2 正方体平面展示图判断

环节一：在观察与想象中尝试折叠

先让学生自主观察平面图形，凭借想象在头脑中进行折叠，并且标出每个正方形做哪个面（前、后、左、右、上、下），然后在小组内交流折叠方法。

环节二：在直观操作中验证折叠

当学生有了自己的想法之后，迫切想知道这种想法对不对，此时教师让学生拿出事先准备好的图形（题中给出的13种图形），亲自动手按照想象中折法来加以验证，以此培养空间观念。

环节三：再次想象用不同的方法折叠

让学生在动手操作之后，摆脱实物图片，再次想象再现折叠过程（可以想象不同的折叠方法），进一步提升空间想象力。

2. 以下图形绕轴旋转一周能得到什么图形？请简单描述图形。

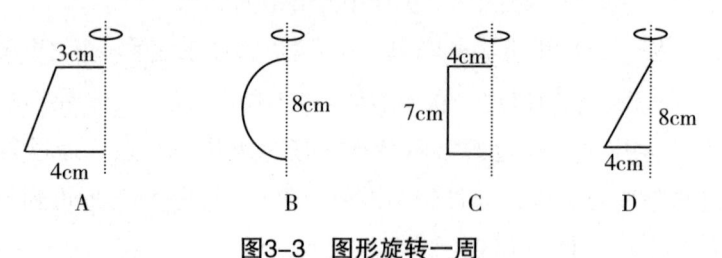

图3-3 图形旋转一周

环节一：想象绕轴旋转，形成旋转轨迹

让学生想象每个图形绕轴旋转一周的旋转轨迹会是什么样子，能得到什么图形，并简单描述一下这个图形的具体样子。

环节二：课件直观旋转，再现旋转轨迹

当学生有了想法之后，就可以借助课件直观、形象、有动态感的功能，边旋转边清晰地再现旋转轨迹，让小学生直观体会到由面及体的过程，感知图上的每一个数据与旋转后图形之间的关系。

3. 如图，根据长宽高选择6个面。

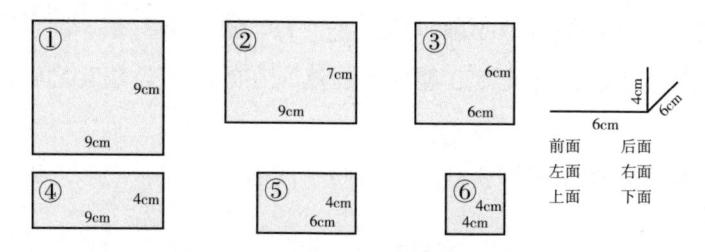

图3-4　根据长宽高选择6个面

此环节，引导学生看棱选面，围面变体，由一维想二维，由二维变三维，帮助学生建立空间观念，发展空间想象力。

4. 根据长宽高，想象生活中的长方体。

图3-5　生活中的长方体

这样的题目，学生既要想象生活实物，还要有一定的数量感和想象力，是培养学生空间观念的极好载体。

再如，学习完立体图形的体积计算公式之后，我们可以借助课件进行拓展延伸，从另一个角度体会立体图形就是由若干平面图形叠加而成的。长方体是由若干与底面相同的长方形叠加而成的，圆柱体是由若干与底面相同的圆形叠加而成的等，因此这些立体图形的体积=底面积×层数=底面积×高。

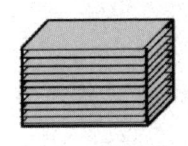

图3-6 立体图体积

（三）在辨别物体方位与相互之间的位置关系中培养空间观念

青岛版教材关于物体的方位与相互之间的位置关系包括以下几个维度：

一是认识常见的方位（前、后、左、右、上、下，东、南、西、北，东南、西南、东北、西北），能描述物体所在的位置与相互之间的位置关系。

二是观察物体，能辨认从不同方向（前面、侧面、上面）看到的物体形状图。

三是认识射线、直线、线段、角，感受同一平面内两条直线的位置关系；学习两点之间的距离、点到直线的距离。

四是用数对表示位置，根据方向与距离确定物体的位置，描述简单的线路图。

例如，辨认从不同方向（前面、侧面、上面）看到的物体形状图，我们可以这样设计教学环节。

环节一：3个正方体拼搭

合作拼搭：利用3个小正方体拼搭出一个物体。

观察想象：想象一下站在该物体的不同面，看到的图形是一样的吗？

体验观察：小组同学分别走到物体前面、侧面和后面观察、体验能看到什么图形。

归纳总结：同一个物体，从不同的位置观察，看到的图形是不一样的。

此环节，先拼搭立体图形，然后观察给出的图形分别是从哪个位置看到的，最后通过实践体验加以验证，在观察、想象、体验中发展空间观念，让学生感受同一物体从不同位置观察到的结果是不同的。

核心词之三——空间观念

环节二：巩固练习

仔细观察图片，思考右边的三个图形分别是从下面左图中哪个位置看到的，请你用线连一连。

前面　　　　侧面　　　　上面

图3-7　图形位置观察练习题

生1：第一幅图是从上面看到的。

生2：第二幅图是从前面看到的。

生3：第三幅是从侧面看到的。

师：从不同的两个侧面看到的图形完全一样吗？

生4：不一样。

（此环节，引导学生想象从两个不同侧面观察，让学生明白由于遮挡看到的结果是不一样的。）

环节三：4个正方体拼搭

请小组合作用4个小正方体摆出如下图形，并且从前面、侧面、上面分别观察能看到什么图形？你发现了什么？

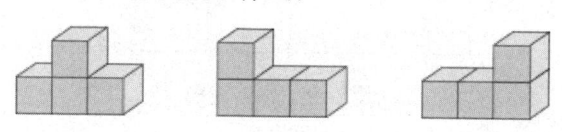

图3-8　从前面、侧面、上面观察图形

生1：从上面看到的图形是　　　　。

生2：从前面看到的图形分别是：

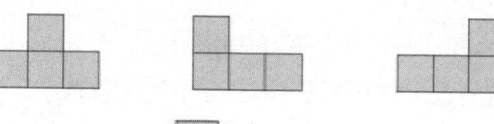

生3：从侧面看到的是都是　　　　。

· 061 ·

生4：我们发现不同的物体从同样的位置看，有时看到的图形相同，有时看到的图形不同。

此环节由3个正方体拓展到4个正方体，在观察、操作、比较、归纳中发展学生的空间想象力。

总之，此教学片段让学生在观察、操作、想象、实践中感知立体图形的视图，经历三维与二维之间的转换，发展了学生的空间观念。

二、在图形的运动与变化中发展空间观念

青岛版教材关于物体的方位与相互之间的位置关系安排了如下内容：

对称、平移、旋转、按比例将图形放大或缩小。在学习这部分内容时，要注重让学生在动手操作中感知变化，掌握各种运动变化的方法。还要让学生摆脱操作，在头脑中想象操作，培养学生的空间想象力。

例如，在教学图形的平移时我们可以这样设计。

环节一：动手尝试平移法

这些图形是怎么得到的？（生：平移），你能尝试用平移的方法得到这个图形吗？请大家拿出图形在方格纸上试试看。

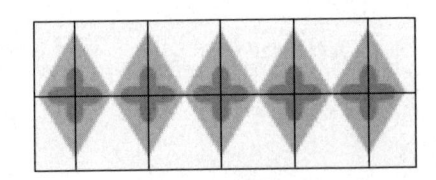

图3-9　平移图形

环节二：交流平移方法

生1：把图形在方格纸上向右不断地平移就可以了。

师：每次平移多少呢？

生2：每次都平移2格。

师：你们怎么知道每次都平移了2格呢？

生3：看上面的点，它移动了2格，整个图形就移动了2格。

生4：也可以看下面的点和左、右两个点。

生5：还可以以图形中的某一条线为标准来平移。

生6：以线为标准不如以点为标准看起来清楚。

师：是啊，我们一定要确定好平移的方向和格数。大家可以先确定一点，只要这个点向右平移了几格，整个图形就向右平移了几格。

环节三：尝试画平移过程

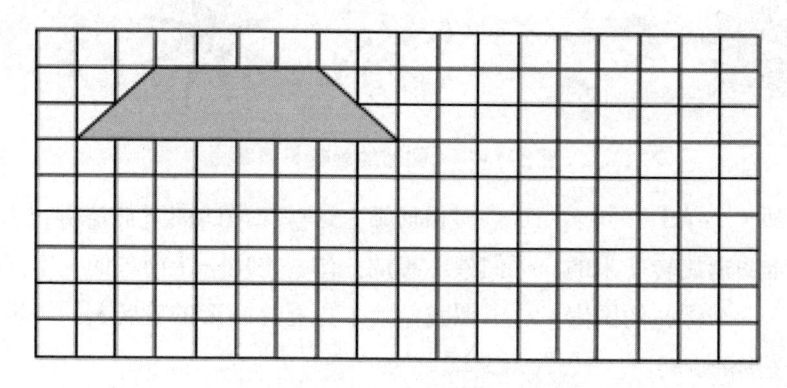

图3-10 平移图形练习

如果没有图片，你能想办法将图中的梯形先向右平移2格，再向下平移3格吗？

学生自主尝试平移后，小组交流平移方法，最终明确方法：找到四个顶点，将每个顶点先向右平移2格，找到对应点再连线。同理，找到平移后图形的四个顶点，再分别向下平移3格，找到对应点再连线。

以上每个环节都注重让学生亲自动手移动，在移动中感受物体形状没变，位置却发生了变化。

培养空间观念的精品课例及点评

《图形的旋转》教学实录与评析

教学过程：

一、图形魔术、揭示课题

师：图形王国正在表演魔术，想看吗？

生：想。

师：边看魔术边想：这些图形在做什么运动呢？

播放课件（配乐动画）：依次出示基本图形经过旋转得到新图案。

图3-11　《图形的旋转》教案

师（小结）：同学们观察得很仔细，这些漂亮的图案都是由一个简单的基本图形旋转变来的。你们想不想试一试，也用一个简单的基本图形旋转变出一个漂亮的图案？这节课我们就来探究《图形的旋转》。（板书课题：图形的旋转）

【评析】借助多媒体直观动态展示变魔术的过程，让学生初步感受这种运动的基本特点和旋转运动带来的美感，激活学生已有的知识和生活经验，为学习新知创造良好的氛围，激发学生迫切想试一试的欲望。

二、动手操作、探索新知

1. 创设游戏，学习图形旋转三要素

（1）公布游戏规则

师：出示小棒，它能旋转吗？

课件播放小棒旋转。

师：老师这里也有两根小棒，下面咱们要请两位同学来参加旋转小棒挑战赛。请大家听好要求：其他同学当小指挥下达旋转口令，两位挑战选手要按口令操作，如果他们旋转的结果和课件上完全一致，就挑战成功；如果不一致，就挑战失败。谁愿意上来参加挑战。

选取两位同学参加。

（2）学生做游戏

师：请小指挥下命令吧，两位挑战选手可不能互相偷看哟！

生：请你们将小棒旋转90°。

操作情况：一根小棒顺时针旋转90°，另一根逆时针旋转90°。

师：小评委们，他们挑战成功没有，为什么？

生：没挑战成功，因为他们旋转的方向不一样。

师宣布挑战结果：失败。

师：看来只有度数不行，那还要强调什么问题呢？（小棒回归原位）下面咱们再进行第二次挑战，谁来下达口令。

生：顺时针旋转90°。

师：这次的口令不仅有旋转的度数，还加上了旋转的方向，非常好！

操作情况：同样都顺时针旋转90°，但是一根小棒是绕"O"点旋转的，另一根小棒是绕"A"点旋转的。

师：这次挑战成功了没有，为什么？

生：没成功，因为一个绕"O"点旋转，一个绕"A"点旋转。

挑战结果：再次失败。

师：看似简单的旋转，挑战起来还真不容易呀！想一想，还要补充什么？第三次挑战，谁来下达口令？

生：绕"O"点顺时针旋转90°。

师：越来越完善了，这次还规定了绕哪个点旋转了。

操作情况：两位数学高手旋转的小棒和屏幕上的完全一致。

师：这一次他们不得不听我们的指挥啦，恭喜你们，挑战成功。

（3）总结图形旋转三要素

师：游戏过后，静下来思考：通过刚才这个游戏，你们觉得要想成功下达口令旋转小棒，应该注意哪几个方面？（学生回答，教师板书）

生：要指出绕哪一点旋转。

师：对，必须指出中心点，即绕哪一点旋转。（①中心点）

生：还要指出旋转方向，是逆时针还是顺时针。

师：好样的，旋转方向也不可缺少。【②方向（顺时针、逆时针）】

生：还要规定旋转度数。

师：是啊，旋转度数是一定要规定好的，目前我们一般都旋转90°。【③旋转度数（90°）】

（4）总结

通过刚才的游戏，大家边玩边思考，很快就总结出了图形旋转的三要素。你能结合着三要素来说一说刚才小棒是如何旋转的吗？

生：小棒绕"O"点顺时针旋转了90°。

依次出示：绕O点顺时针旋转90°。

【评析】将图形旋转的三要素巧妙地渗透在小小挑战中，学生边玩边学边感悟，轻松愉快地掌握了旋转必须强调的三个要素及图形旋转的特征，为接下来的自主旋转作好铺垫。这种将知识融于游戏中的设计，特别适合小学生的年龄特点，不仅学得快而且学得好！

2. 旋转小棒，巩固三要素

师：从学具袋中取出小棒，放到1号方格纸中，每个人尝试将小棒逆时针旋转90°。

生：旋转小棒，订正。

3. 旋转半圆形学具

师：大家看屏幕，老师要变魔术了：一根小棒，在其右边加一条弧线，就由一维图形变成了二维图形。这是什么图形？

生：半圆形。

师：你能利用这个图形旋转出这个图案吗？

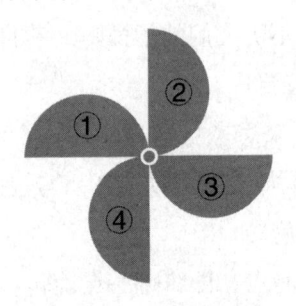

图3-12　半圆形旋转

师：同学合作完成，要求：将半圆形放到方格纸中，边旋转边把每次旋转后的图案画下来。看哪一位同学完成得又快又好。

同桌合作完成。

师：你们是怎样旋转得到②这个图案的呢？谁来说一说你的旋转方法。

生：我们将①号半圆，绕"O"点顺时针旋转90°。

师：你怎么知道正好旋转了90°呢？

生：看这条直边，旋转之前和旋转之后，正好构成了直角。

师：我们看这条直边旋转前后形成了直角，就说明整个半圆形绕O点顺时针旋转90°，是这样吗？（课件演示旋转过程）

同样交流③④号图案的旋转方法，课件演示整个旋转过程。

师：刚才我们用顺时针旋转得到了图形，除此之外，你还有其他的画法吗？

学生介绍并演示逆时针方法。

师：看来，无论顺时针还是逆时针都能得到这个图案（课件演示）。

总结：刚才我们旋转小棒或这个图案，每次旋转都是先绕某个点，以什么为标准，沿着什么方向，旋转了多少度。看来旋转的三要素还真是缺一不可，咱们以后不论是动手旋转，还是表达旋转的过程，都必须牢记这三要素。

师：下面就让我们在头脑中想象着旋转半圆，形成这个完整的图案吧。

【评析】此环节，教师完全放手让学生自己尝试着用学具旋转并画例题中的图案，图形的运动轨迹和学生的空间观念在操作、观察、思考、想象中得以形成和培养。

4．旋转扇形学具

师：我们已经会旋转了，（课件出示扇形）这个扇形有两条直边，那你还会旋转这个图形吗？

图3-13 单扇形教案

学生独立完成。

师：将图形放在方格纸中，边旋转边画出旋转后的图形，看谁画得又快又好。

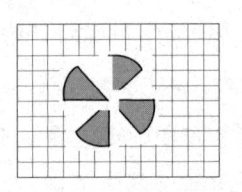

图3-14　单扇形旋转

全班汇报交流旋转方法。

师：扇形有两条直边，我们以哪条直边为标准呢？

生：以放在线上的直角边为主。

师：真聪明，以和方格纸上的线重合的那条直边为标准。（课件演示旋转的过程）

【评析】图形的设计由浅入深，由易到难，有利于学生真切地理解图形旋转的特点，使他们在操作、观察、画图的过程中充分感受到：旋转时，整体里任何一个部分都代表整体，从而为解决三角形的旋转做好充分的认知准备，同时进一步发展学生的空间观念。

5．旋转三角形

（1）学生操作

师：刚才我们旋转图形的时候都有学具，没有学具你还会旋转吗？

生：会。

师：如果没有学具，就在脑海里想象着旋转行不行呢？下面请大家拿出方格纸，边想象旋转边画出旋转后的图案，有困难的可以同桌之间互相研究、讨论。

（2）展示汇报交流

①出示学生错误画法并交流错误原因

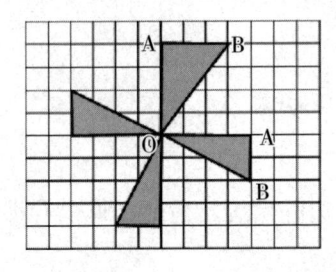

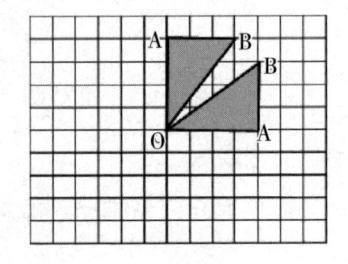

图3-15　旋转错误示范

生：第一个同学旋转的中心点、方向和度数都对，就是旋转后图形的大小变了。AB边应该是3个格的长度，他旋转后变成2个格的长度了。

师：是啊，旋转后的图形大小和形状都不应该发生变化。

生：第二个同学旋转以后把三角形的方向搞错了，B点应该在A点的下面，而不是上面。

②师生共同总结需要注意的问题

师：根据这两个同学的错误示范，在旋转的时候，什么变了？什么没变？

生：大小不变，方向变了。

师：从这两个同学错误的做法中，我们总结出了这么多经验。看来错误并不可怕，只要能找到原因，我们就又向前迈了一步。

出示学生正确画法。

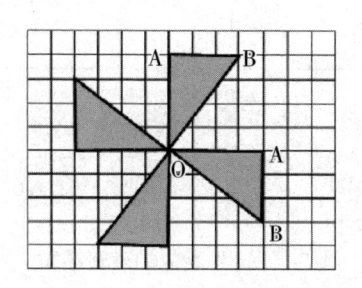

图3-16　旋转正确示范

学生介绍成功经验：

生1：先将直角边OA绕O点顺时针旋转90°，因为OA占4个小格，所以旋转后的线段也要画4个小格，再沿这一点向下数3小格画出另一条直角边，然后把这两点连起来。

生2：先把一条直角边OA绕O点顺时针旋转90°，再将斜边OB也绕O点顺时针旋转90°，最后再把A、B两点连起来。

（3）学具验证：用学具一边旋转，一边验证自己的作品并修改。

师（小结）：通过刚才把直角三角形在方格纸上进行90°旋转，你发现了什么？

生：三角形的大小、形状不变，只是方向发生了变化。

【评析】不依赖学具，凭借想象旋转并且画出旋转后的图形是本节课的难点。通过直观操作旋转小棒、半圆形和扇形,学生已经在头脑中积累了旋转的经验,形成了图形位置变化的表象。在此基础上,引导学生凭借想象旋转并画出图形,通过不同的例子,让学生在展示交流中明确旋转三角形的基本方法和应该注意的问题。这样从易到难、从直观到抽象,降低了学习的难度,并且使学生充分经历了图形转换的过程,发展了学生空间想象力和空间观念。

三、欣赏图案、回顾总结

1. 寻找生活中由旋转方法得到的图案

师:旋转在生活中随处可见,你发现旋转带给我们的美了吗?

2. 欣赏生活中由旋转方法得到的图案

课件动画配乐展示。

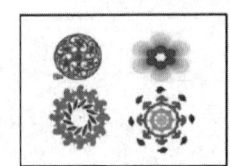

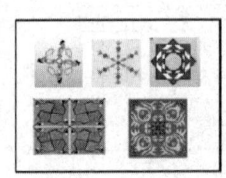

图3-17 生活中的旋转图案

3. 作业:用这节课所学知识为班级设计班徽

师:我们班也要举行一个班徽征选活动,今天的作业就是:利用今天学习的旋转知识为我们班设计一枚班徽。

4. 总结

同学们,通过这节课的学习,大家知道了旋转的三个要素,掌握了旋转的方法,并且感受到旋转带来的美。我们不仅会欣赏美,更会创造美,相信有了你们的创造,世界会更加美丽。

【评析】通过欣赏生活中由旋转而得到的图形,让学生充分感受旋转的美丽和数学与生活的密切联系。

【总评】

苏霍姆林斯基说过:"当知识与积极的活动紧密联系在一起的时候,学习才能成为孩子精神生活的一部分。"确实,在教学过程中,我们只有利用各种学习内容为学生提供充分的、现实的、有意义的数学活动以及交流的机会，才能让学生在轻松愉悦的氛围中学习知识、增长能力。因此，本节课老师设计了一系列学生感兴趣的活动，让他们在活动中体验，在体验中感悟。纵观本节课教学，学生既有参与的广度又有参与的深度，更有参与的热情，课堂很轻松、很和谐、很有趣。

开课伊始，通过看魔术表演，让学生从动态演示中体会图形旋转的过程，直观形成了知识的表象，为新课教学做了良好的铺垫。然后老师把旋转的三要素（中心点、方向、度数）巧妙地渗透在挑战游戏中，由以往老师的直接讲解，变为学生兴趣盎然、积极主动地自主探索、自我感悟。一个小小的改变，把学生推到了舞台的中间，把老师撤到了幕后。在这个过程中，学生会遇到同样是一个口令，但是两个学生旋转的方向不同，所以引起了学生的认知冲突，他们就会积极地寻找方法，解决遇到的问题。

在方格纸上画出旋转90°后的图形是本节课的重点，也是难点，为了更好地突破难点，老师准备了充分的学具，通过层层递进、环环相扣的旋转活动帮助学生理解本节课的重点学习内容。先是一根直直的小棒，然后是含有一条直线的半圆形，再是含有两条直边的扇形，最后是含有三条直边的三角形。旋转的方法从借助于直观学具旋转到摆脱学具凭借想象旋转，由易到难、由直观到抽象，设计科学合理，便于学生理解和掌握，让学生在一个个充满乐趣的活动中充分地动手、动脑，更主动地获取知识，提高了效率，同时也应验了一句名言："我听见了，就忘记了；我看见了，就记住了；我做过了，就理解了。"

总之，本节课结构严谨，符合学生的认知特点和规律，充分体现了学生的主体地位，很好地实现了三维目标，学生的空间观念和空间想象力得到了充分的发展。

培养空间观念的实践应用案例1

设计班徽——"旋转"综合实践性作业

作业内容：

1. 设计内容：

利用学过的旋转知识设计美丽的图案，作为班级的班徽。

2. 设计要求：

先用卡纸剪出一个基本图形，再用这个图形旋转。

图案简洁漂亮，全班进行评选。比一比看谁获得的☆最多。

3. 作品展示

4. 作业评价

作业设计说明：

1. 设计意图：本次实践活动是在学生学习了图形的旋转基础上进行的，通过图形的位置变化来增强学生的空间观念，进一步巩固理解知识，培养学生的想象能力和审美能力，这样既为今后学习几何初步知识积累了经验，又增强了"美"与"数学"之间的关系。

2. 操作方法：主要是利用课余时间由学生独立完成。

3. 作业评价：采用语言与符号相结合，教师与学生评价相结合的方式进行，个人评价关注作业完成方法、完成质量及完成过程中的情感态度等；教师评价注重作品的美感及创意等。

作业样本呈现：

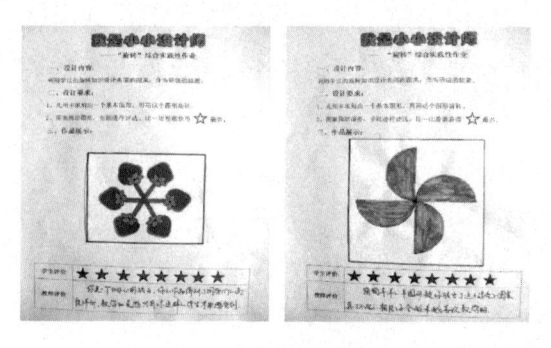

图3-18 学生作业样本呈现

学生作业样本评析：

1. 学生作业质量评价

此次实践作业绝大多数学生都能独立运用旋转的知识来设计图形，作品能够做到简洁漂亮、色彩鲜艳。在班级评选中，有很多作品得到了同学们的高度评价，让我们感受到数学世界中"旋转"带来的美；少数学生的作品色彩黯淡，缺乏创意；还有的学生剪出的基本图形太复杂，因此在旋转的过程中出现了困难。

2. 学生作业的特征

（1）从本次作业中能够看出，"高质量完成本次作业"的学生对待作业的情感、态度比较好，创新能力也比较强，综合素质比较高，很好地完成了本次作业，得到了8颗☆。个别学生审美能力欠缺，有应付现象。最后大家评选出第一幅作品作为本班班徽。

（2）本次旋转作业设计，全班大部分学生都能够很熟练地把学过的"旋转"知识运用到实践中，表现出极高的参与欲望及热情。通过评选班徽活动，培养了学生的观察能力、动手操作能力及空间想象力。

3. 肯定优点或改进意见

综合分析本次实践作业，图案简洁大方，干净漂亮，有创意，学生都非常喜欢。以后我们应该多让学生参与有意义的实践活动，提高学生的应用能力，增强学生学习数学的信心。

培养空间观念的实践应用案例2

绘制路线图——"比例尺"和"方位"综合实践性作业

作业内容：

同学们，我们已经学习了有关比例尺的知识和方位的知识，大家想用我们学过的知识来了解我们的家到学校的实际距离并绘制出路线图吗？那就赶快行动起来参加这次有趣的实践活动吧！

1. 活动组织

根据本班学生的家庭住址就近将他们分成若干小组，选出各方面能力较强的学生当小组长，并对各小组的活动提出要求。

2. 活动过程

制订活动计划：

（1）选择组内某一成员的家庭住址作测量对象（距离较近，便于测量）。

（2）研究测量实际距离的方法（切实可行）。

（3）组内成员进行分工，商定活动时间。

设计平面图。

作业设计说明：

1. 设计意图

通过测量某一同学家与学校的实际距离，然后运用本节课所学的比例尺的知识以及有关方位的知识，设计出从家到学校的路线图，使学生在测量、计算、绘图等一系列活动中感受数学、亲近数学，获得自主解决问题的积极体验，让学生感受比例尺和方位知识的实用性，发展学生的空间观念；激发学生学习数学的兴趣，增强小组合作意识，提高学生综合实践能力和增强学好数学的信心，使不同的学生在不同的程度上收获成功的喜悦。

2. 操作方法

课内与课外相结合的办法，课外主要利用双休日的时间学生自愿组成小组进行调查，课内主要利用主题班会进行交流探讨。

3. 作业评价

自我评价：

（1）你对本次活动感兴趣吗？你有什么新的收获？

（2）你在本次活动中遇到了哪些困难？是怎样解决的？

（3）与小组成员合作是否愉快？你认为怎样合作比较好？

教师评价：从学生参与的积极性、活动成果等方面做总结性评价。

核心词之三——空间观念

学生作业样本呈现：

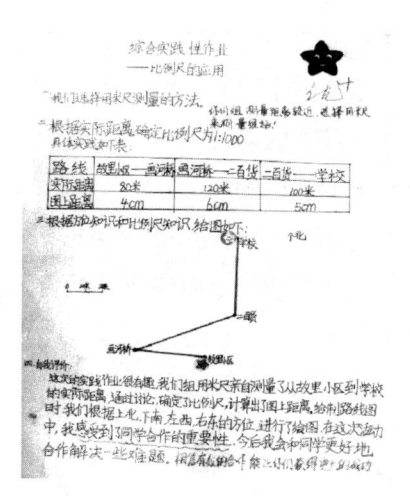

图3-19　学生样本呈现

学生作业样本评析：

1. 学生作业质量的评价

大部分学生能采用切实可行的方法测量出各个路段的实际距离，并根据学过的比例尺的知识确定合适的比例尺，求出图上距离。各个小组也能利用方位知识比较准确地绘制路线图。每一份作业都是小组成员集体智慧的结晶，至于其中的每个孩子对知识掌握得如何，了解得如何，还需进一步考验。

2. 学生实际作业中表现出来的特征

本次作业立足于运用数学知识解决生活实际问题，从数学的角度探索家与学校的距离，具有很强的综合性与实践性、应用性，体现出以下特征：

（1）与生活紧密结合，使学生表现出极高的参与欲望及热情。（注：结合学生的作业，让学生在自我评价中用语言描述参与本次实践活动的热情）

（2）综合运用比例尺和方位的知识来解决生活实际问题，提高学生的综合实践能力，增强学好数学的信心，使不同的学生在不同的程度上收获成功的喜悦。（注：对学生在作业过程中表现出的探究意识与能力进行分

析说明）

（3）以小组合作的方式完成本次实践活动，在活动中学会与他人合作，增强了学生相互合作的意识，使其能够在合作中共同探讨所遇到的难题，体会成功的喜悦。（注：结合学生作业让学生作自我评价中用语言描述对本次小组合作的收获）

3. 肯定优缺点或提出改进意见

优点：有趣味、有实效，综合性强，提高学生灵活运用知识的能力和合作能力。

改进意见：不能随意划分小组，要根据学生的实际情况合理划分。

核心词之四——几何直观

何为"几何直观"

2011版新课标指出:"几何直观主要是指利用图形描述和分析问题。借助几何直观可以把复杂的数学问题变得简明、形象,有助于探索解决问题的思路,预测结果。几何直观可以帮助学生直观地理解数学,在整个数学学习过程中都发挥着重要作用。"[①]

怎样培养、发展小学生的几何直观

小学生的思维以具体形象为主要特点,他们喜欢借助直观呈现、直接观察、具体操作等活动形成的直观感性经验来分析和理解问题。而大部分小学数学知识又是枯燥和抽象的,极不适合小学生的思维特点。所以要想让数学知识由抽象到形象、由枯燥到有趣,让小学生乐于学、学得好,亲近数学,就必须找到一个桥梁,通过这个桥梁将抽象枯燥的数学知识变得直观有趣,而这个桥梁便是几何直观。因此,作为小学数学教师,首先自己要意识到几何直观的价值,然后才能在教学过程中,有意识地去思考:这个知识点能否通过几何直观的手段来呈现?怎么呈现?长此以往,才能帮助学生从具体形象思维向抽象逻辑思维过渡。培养学生的几何直观可以从以下几方面入手:

---

① 摘自《义务教育数学课程标准(2011年版)》第6页。

一、借助数形结合，理解算理算法

例如：分数乘分数如何计算呢？应该用分母相乘的积作分母，分子相乘的积作分子，要记住这一法则并且运用其进行计算很容易，可是为什么要这样计算？这样计算的算理何在呢？这才是我们本节课应该重点解决的问题，即让学生不仅知其结果，还知其原因。如果学生既掌握了算法又理解了算理，那么这一法则在学生头脑中就会由枯燥死板变得灵动且有内涵。而教师要思考的问题就是理清算理，并且将抽象的算理直观化、形象化。我们不妨这样设计教学环节。

环节一：画图表示 $\frac{1}{4} \times \frac{1}{2}$。

绘画小组的同学要完成一幅绘画作品，他们每小时能完成这幅作品的 $\frac{1}{4}$，那么 $\frac{1}{2}$ 小时能完成几分之几呢？

根据工效、时间和工作总量之间的数量关系，学生很容易列出算式 $\frac{1}{4} \times \frac{1}{2}$。那么 $\frac{1}{4} \times \frac{1}{2}$ 等于多少，该怎样计算呢？此时就应该引入几何直观。

如果用一张长方形纸代表这幅作品，那么你能找到他们 $\frac{1}{2}$ 小时完成的部分吗？每个人先动手折一折，然后再在小组内交流：你先找到了几分之几，再找到了几分之几。

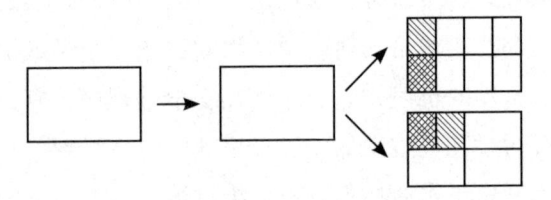

图4-1 长方形折纸

学生经过思考，很容易就找到了1小时完成的 $\frac{1}{4}$。然后再将1小时绘的作为单位1，把其平均分成2份，其中的1份就是$\frac{1}{2}$小时完成的部分。通过折一折、画一画，学生直观地找到了$\frac{1}{2}$小时完成的部分。

环节二：利用直观图，找到$\frac{1}{4} \times \frac{1}{2}$的结果。

那么他们$\frac{1}{2}$小时究竟完成了整幅作品的几分之几呢？你看出来了吗？（生：$\frac{1}{8}$），怎么能让大家一眼就看出来是$\frac{1}{8}$呢？学生会将线延长，这样一眼就能看出四列两行，一共有8份，这一份就是$\frac{1}{8}$。

$$\frac{1}{4} \times \frac{1}{2} = \frac{1 \times 1}{4 \times 2} = \frac{1}{8}$$

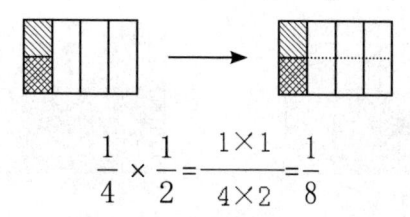

图4-2 长方形折纸——$\frac{1}{8}$

用同样的方法，找到$\frac{1}{4} \times \frac{2}{3}$的结果，如下图。

$$\frac{1}{4} \times \frac{2}{3} = \frac{1 \times 2}{4 \times 3} = \frac{2}{12} = \frac{1}{6}$$

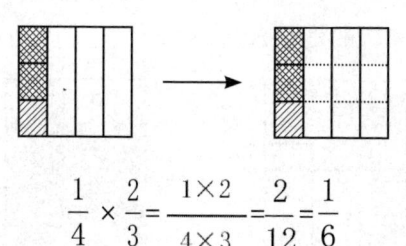

图4-3 长方形折纸——$\frac{1}{6}$

通过观察两个算式，学生发现规律：分母相乘的积作分母，分子相乘的积作分子。

环节三：借助直观图，在验证中理解算理。

利用课件表示出 $\frac{3}{4} \times \frac{2}{3}$，引导学生先找到 $\frac{3}{4}$，再找到 $\frac{3}{4}$ 的 $\frac{2}{3}$。

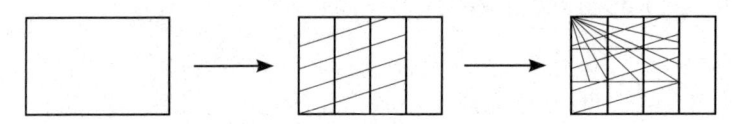

图4-4　长方形折纸演示

观察单位1一共平均分成了几个3？（生：4个3），也就是4×3=12份。再看看我们取了几个几（生：3个2），即3×2=6份。平均分的总份数12要作分母，取的总份数6要作分子，也就是分子相乘作分子、分母相乘作分母。

$$\frac{3}{4} \times \frac{2}{3} = \frac{3 \times 2}{4 \times 3} = \frac{6}{12} = \frac{1}{2}$$

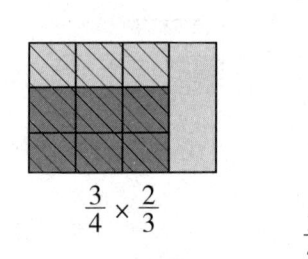

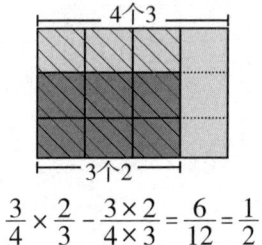

图4-5　长方形折纸课件1

利用课件表示出 $\frac{4}{7} \times \frac{3}{4}$，引导学生先找到 $\frac{4}{7}$，再找到 $\frac{4}{7}$ 的 $\frac{3}{4}$，思考 7×4求的是什么？4×3求的是什么？

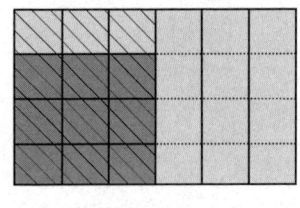

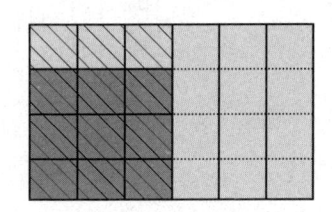

$$\frac{4}{7} \times \frac{3}{4} = \frac{4 \times 3}{7 \times 4} = \frac{12}{28} = \frac{3}{7}$$

图4-6　长方形折纸课件2

7×4表示一共分的份数，作分母；4×3表示一共取的份数，作分子。

根据这两个例子，借助几何直观，就能帮助学生很好地理解分数乘法的算理。

二、依托动作直观，理解数学概念

数学经常会引导学生理解一些枯燥的概念，就拿有余数的除法来说，认识余数并且知道余数的特点是本节课的重点。如果我们只是苦口婆心地说：剩下不能再平均分的就是余数，余数必须比除数小，否则还能继续分。这样，学生一定听得云里雾里，不明白其中的道理，运用起来也只是死记硬背而已。这时候如果能借助动作直观让学生亲自动手分一分的话，他们就能在操作中体会什么是余数，明白余数为什么要比除数小。我们不妨这样设计教学环节：

环节一：用小棒摆四边形，体会余数和除数之间的关系。

用12根小棒摆正方形能摆几个？怎么列式？

12÷4=3

用13根、14根、15根小棒摆正方形，分别能摆几个呢？同桌两人合作摆一摆，并把摆出的结果用算式表示出来。

13÷4=3……1

图4-7　13根小棒摆正方形

师：剩下1根，为什么不摆了？

生：因为不够摆一个正方形，所以就剩下了1根，不能再摆了。

师：也就是1根比4根少，所以摆不出一个正方形，只能余下。

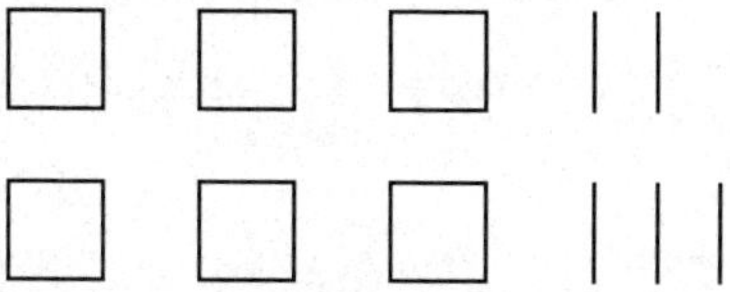

14÷4=3……2

15÷4=3……3

图4-8　14、15根小棒摆正方形

师：谁能说一说，为什么剩下2根、3根也不能再摆了呢？

生：因为剩下的2根、3根也不够摆一个正方形，所以只能剩下。

师：也就是2根、3根仍然不足4根，所以也摆不出一个正方形，只能剩下。

师：如果再增加1根小棒，能不能继续摆了？怎样列式？

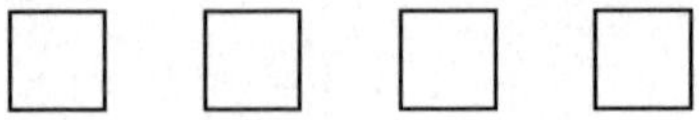

☐ ☐ ☐ ☐　　16÷4=4

图4-9　16根小棒摆正方形

生：再增加一根，余下的就正好够了4根，所以正好能摆出一个正方形，没有剩余。

师：结合摆的过程认真思考，4根摆一个图形，余数只可能是几？

生：余数可能是1、2、3。

师：为什么不可能是4？

生：够了4根，就又可以摆一个正方形了。

师：余数能不能是5、6、7呢？

生：不可能，4根就能摆一个正方形，那5、6、7都比4大，所以还能继续摆。

师：也就是余数和除数之间存在什么关系？

生：余数要比除数小。

环节二：用小棒摆五边形，再次体会余数和除数之间的关系。

师：如果用小棒摆五边形，想一想余数可能会是哪些数？

生：余数可能是1、2、3、4，比5小。

课件播放：11根、12根、13根、14根小棒摆五边形的过程，让学生直观感受余数一定比5小。

以上两个环节，学生通过动手操作，清楚地看出每4根或5根小棒能正好摆一个图形，如果小棒的数量不够4或5，也就是比除数小时，就摆不出一个完整的图形。所以，道理在操作中不讲自明，这就是几何直观在数学中不可替代的作用。

除此之外，比如学习除法的意义时，需要在若干次动手操作中体会平均分。学习分数的初步认识时，需要在折折画画中理解分数的意义。学习平均数时，需要借助条形统计图，运用移多补少的方法找到平均数，进而感受平均数的特点：把多的给少的，均匀以后得到的数是平均数，平均数在最大数与最小数之间。就连学习计数单位"十"时,也要借助小棒,让学生经历由10根扎成一捆的过程。总之,几何直观是数学知识的良师益友,只要巧妙地将两者结合,一定会让我们的数学教学轻松且有深意。

三、巧画线段图,理解数量关系

提到几何直观,我们首先想到的是线段图,线段图能简洁地概括出题目中的若干信息,清晰地展现各种数量之间的关系,让原本复杂抽象的问题变得直观简洁,所以教师一定要教会学生画线段图解决问题的方法。

例如,在学习相遇问题时,我们就可以借助画线段图帮助学生理解数量关系,并用两种不同的方法解决问题。

小方和小丽同时从家出发相向而行,小方每分钟走70米,小丽每分钟走60米,经过6分钟两人在少年宫相遇。她们两家相距多少米?

环节一:借助动作直观理解题意。

相遇问题中会出现几个比较重要且生僻的词语:同时、相向、相遇、相距,让学生理解这些词语的意思是解决相遇问题的关键。我们可以先让学生说一说对这几个词语的理解,然后借助动作直观,在实际走一走中深入理解。

图4-10 学生模拟演示

环节二:借助线段图分析数量关系。

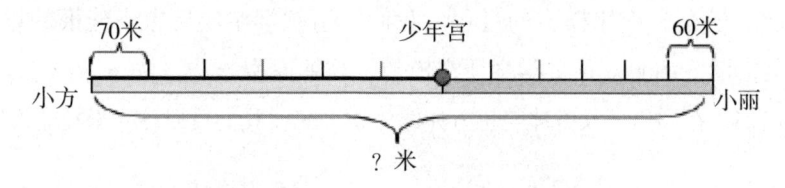

图4-11 借助线段图分析数量关系1

教师引导学生画出线段图之后,一眼就能找到数量关系:

小方6分钟行的路程+小丽6分钟行的路程=她们两家相距的路程,进而列出算式:70×6+60×6=780(米)。

这种方法虽然比较简单，但是用线段图画出来之后特别直观，很容易就能看出数量之间的关系，进而掌握相遇问题的基本特点，形成相遇问题的基本表象，建立解决相遇问题的基本模型。

如果说第一种解决方法还比较简单的话，那么第二种方法学生理解起来就比较困难。这时，就可以充分发挥线段图的直观形象作用，再配以多媒体课件的动态效果，帮助学生理解什么是速度和，一共行了几个速度和。

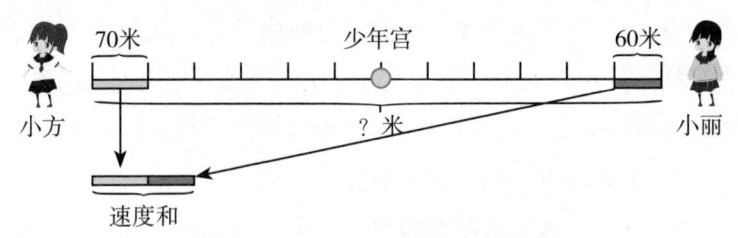

图4-12 借助线段图分析数量关系2

上面这幅图是静态的，而实际教学中是动态的，学生能清楚地看到第1分钟，两个人一共走了一个速度和（70+60），第2分钟又走了一个速度和（70+60），她们一共走了6分钟，也就走了6个速度和，所以算式是：（70+60）×6=780（米）。通过直观线段图解决这个题目不是目的，我们的目的是让学生理解"速度和×相遇时间=总路程"这一数量关系。

四、借助几何直观，抽象数学模型

我们要培养学生用数学的语言表达现实世界，而数学的语言就是数学模型。模型思想是数学学科一种特别重要的思想方法，数学学习过程就是不断建立模型和应用模型的过程。我们要引领学生经历数学建模的过程，特别是借助几何直观帮助学生建立模型、理解模型。

例如，在学习《长方体与正方体的体积》时，我们可以这样来建立模型。

图4-13 长方体与正方体的体积模型

环节一：创设生活情境，提出数学问题。

1. 可乐箱的体积是多少立方分米?
2. 啤酒箱的体积是多少立方分米?
3. 桃汁饮料盒的体积是多少立方厘米?

环节二：动手操作，初建模型。

教师引领学生思考：要想知道一个物体的长度，必须知道它包含了多少个长度单位；要想知道一个图形的面积，必须知道它包含了多少个面积单位；同样，要想知道一个物体的体积，就必须知道它包含了多少个体积单位。

方法一：切一切，求体积。课前让学生准备长5厘米、宽4厘米、高2厘米的萝卜或土豆模型。想一想怎么能知道这个模型包含了多少个1立方厘米的体积单位呢？

组1：切一切。将萝卜模型切成棱长1厘米的小正方体，一共切出40个小正方体。所以这个长方体的体积就是40立方厘米。

组2：画一画。在萝卜模型上画一画，沿着长能画5个，沿着宽能画4个，沿着高能画2个。进而想象出萝卜模型一共有2层，一行有5个1立方厘米的正方体，一层有4行，一层有20个1立方厘米的正方体，两层就是40个1立方厘米的正方体，长方体的体积也就是40立方厘米。

方法二：摆一摆，求体积。让学生用1立方厘米的小正方体摆出不同的长方体，观察摆出的长方体长、宽、高各是多少厘米？体积是多少立方厘米？

组1：用24个1立方厘米的小正方体拼摆出长4厘米、宽3厘米、高2厘米的长方体，它的体积是24立方厘米。

组2：用36个1立方厘米的小正方体拼摆出长4厘米、宽3厘米、高3厘米的长方体，它的体积是36立方厘米。

组3：用40个1立方厘米的小正方体拼摆出长5厘米、宽2厘米、高4厘米的长方体，它的体积是40立方厘米。

环节三：思考想象，理解模型。

1. 想一想，求体积

给出几个标注长、宽、高的长方体，让学生结合摆的过程想象着体积单位，说一说体积各是多少。

2. 直观展示，验证模型

课件动态演示：以上几个长方体沿着长、宽、高摆体积单位的过程。在拼摆的过程中感受长、宽、高与体积单位总数之间的关系，理解"长方体体积=长×宽×高"的道理。同时引导学生推想："长 × 宽"实际就是长方体的底面积，长方体体积计算公式可以统一成"底面积 × 高"，用字母表示就是 V = Sh。

五、依据各种图像，做出分析决策

如下图，面对某商场A、B两种电脑的销售情况统计图，学生一眼就能看出A牌电脑一月到六月的销量呈上升趋势，B牌电脑一月到六月的销量呈下降趋势。作为商场销售员，我们应该建议商场多进A牌电脑，少进B牌电脑；我们要建议商家对比分析两种电脑的销售情况，找出畅销与滞销的原因；我们应该建议B牌电脑生产厂家要调研销量下降的原因，提高产品性能或者搞一些促销活动……

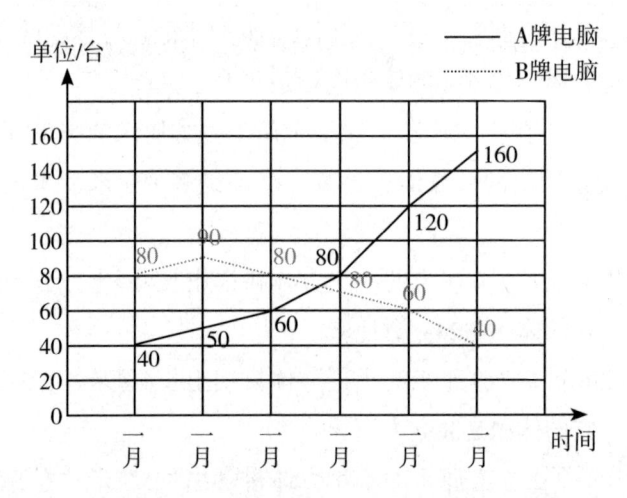

图4-14 某商场A、B两种电脑2008年上半年的销量统计图

如下图，观察喜欢各种健身运动的人数的扇形统计图，我们能直观地看出喜欢篮球、跳远、跳绳的人数较多，喜欢跑步、踢毽子和打乒乓球的人数较少，今后我们应该多举办大家喜欢的活动。同时，还可以告诉学生跑步和打乒乓球对人体的益处，建议大家多进行这样的活动。

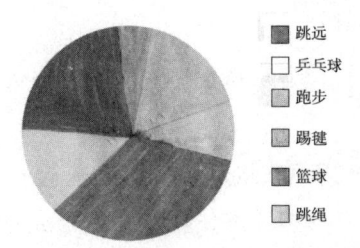

图4-15 喜欢各种健身运动的人数扇形统计图

通过直观图形，可以清晰地展现当下各种情况，做出科学的分析决策，更好地指导我们的日常工作和生活。

六、借力几何直观，解决疑难问题

排队问题，是一年级教学的难点之一，如果运用画图策略尝试解决排队问题就更简洁直观、清楚明了了。

1. 一年级的"排队问题"

> 小红和小朋友排队做游戏，从前数她排第6，从后面数她排第4，你能算出参加游戏的一共有多少个小朋友吗？

先尝试用你喜欢的方式把排队的情况画出来，再想一想怎样计算一共有多少个小朋友？

（1）独自画图，展示汇报

图4-16 学生计算画图展示

（2）数形结合，理解算理

学生看图列式：

生1：5+1+3=9（个），用小红前面的5个小朋友+小红自己+她后面的3

087

个小朋友。

生2：6+3=9（人），小红从前数排第6，后面还有3个，所以6+3=9（人）。

生3：5+4=9（人），小红从后数排第4，前面还有5个人，所以5+4=9（人）。

生4：6+4=10（人），10-1=9（人）。6里面有小红，4里面也有小红，算了两次，所以再减去1人。

2．"鸡兔同笼"问题

鸡兔同笼，有20个头、54条腿，那么鸡、兔各有几只？如果采用"数""形"互译的画图法，二年级的学生都能解答，并且可以从画图法引出数量关系，列式解答。引导学生画图如下：

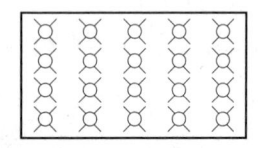

图4-17　学生计算"鸡兔同笼"画图展示

第一幅图画20个头；第二幅图每个头添上2条腿；第三幅图再添上剩余的14条腿。

从图上可知兔有7只，鸡有13只。然后引导学生理解数量关系：首先，假设20只全是鸡，每只鸡身上长2条腿，共有20×2=40（条）腿，还剩余54-40=14（条）腿，鸡身上再长2条腿变成兔子，直到14条腿长完为止。这样就得到兔子有14÷（4-2）=7（只），鸡有20-7=13（只），列综合算式为，兔子：（54-20×2）÷（4-2）=7（只）。

从这个教学过程中不难看出："数""形"互译，使原本模糊的问题一下子变得清晰，学生根据图以及数量关系，能清楚地明白此方法。通过"数""形"互译，不仅解决了问题，而且使学生的形象思维与抽象思维协同运用、互相促进，达到共同发展的效果。由于抽象思维有形象思维作支持，运用此方法解"鸡兔同笼"的问题就变得十分简明且巧妙了。

培养几何直观的精品课例及点评1

《求比一个数的几倍多（或少）几的数是多少》教学实录与评析

教学过程：

一、情境导入

师：孩子们喜欢大课间吗？

生：喜欢。

师：让我们一起走进大课间（出示大课间活动照片）。

图4-18 快乐大课间

师：大课间中不仅有丰富多彩的活动，还藏着许多数学知识呢！瞧，这是一、二、三年级的同学们在转呼啦圈，你发现了哪些数学信息？

图4-19 快乐大课间练习题

生1：一年级转呼啦圈的有18人，二年级的人数比一年级的2倍还多5人。

生2：三年级转呼啦圈的人数比一年级的3倍少2人。

师：大家真会观察，根据第一个同学发现的两个信息，能提出什么数学问题？

生：二年级转呼啦圈的有几人？

师：提得真准确，那根据第二个同学发现的两个信息，你又能提什么数学问题？

生：三年级转呼啦圈的有多少人？

【评析】根据学生已有的知识经验和儿童的年龄特点，创设学生熟悉的实际生活情境，使学生感受学习数学的实用价值。

二、自主探究

1. 找关键句

师：问题提出来了，下面咱们就要解决问题，先来解决第一个问题。请大家先默读信息和问题，边读边思考：二年级的人数与谁有关系，有什么关系？

生：与一年级有关，二年级的人数比一年级的2倍还多5人。

师：这么关键的句子都让大家找出来了（贴：找关键句），老师把它画下来，请大家一起读一下这句话（生：二年级的人数比一年级的2倍还多5人）。真响亮，如果老师用这么长的纸条表示一年级的18人，根据这句话你能用纸条表示出二年级的人数吗？

生：能。（动手操作）

2. 解疑释难

展示交流，先介绍摆法：

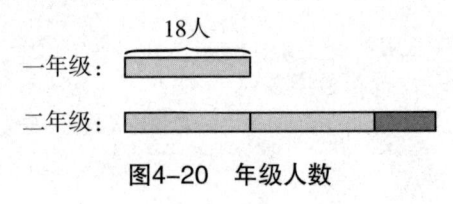

图4-20 年级人数

师：大家有没有什么问题要问？

生1：这两个同样长的纸条表示什么？

生2：为什么又加上一小块呢？

生3：两个同样长的纸条表示2倍，又加上这一小块表示多的5人。

师：这位同学不但用纸条摆出了一、二年级的关系，而且还能给大家解释得这么清楚，真是个出色的小老师。和他摆的一样的孩子请举手，既然大家都会摆了，就请你来检验一下教师摆的对不对？

3. 重现摆法（课件）

先摆：一年级18人，再摆二年级。这是一年级人数的2倍，还要再摆多的5人；问题是二年级有多少人？我摆对了吗？我们把这个图叫纸条图。现在，每个人再用纸条摆出一、二年级的关系。

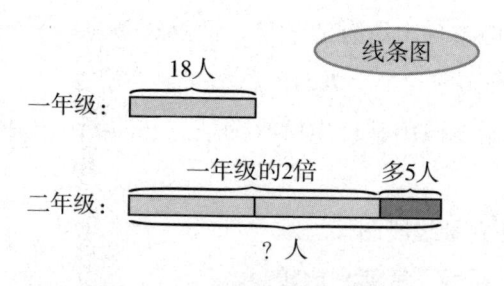

图4-21　求年级人数纸条图

【评析】解决问题的关键是明确数量之间的关系。引导学生先找关键词句，初步感受两者之间的关系；再通过摆纸条，利用几何直观清楚地展现两者之间的数量关系，清楚明了，降低难度。

4. 画线段图

师：下面老师要变个魔术，请看大屏幕（一年级的纸条慢慢变成线段）。你发现了什么？

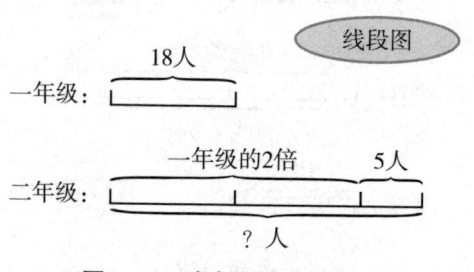

图4-22　求年级人数线段图

生：纸条不见了。

师：对，这次是用线段表示出一年级的18人。继续观察，这两条线段表示的是什么？

生：一年级人数的2倍。

师：最后，用短的线段表示出多的5人。我们把纸条图变成了线段图，用线段图整理出一、二年级的所有信息和问题。请看，这条线段表示的是几年级的人数？

生：一年级。

师：那这组线段又表示几年级的人数呢？

生：二年级，比一年级人数的2倍还多5人。

师：老师不但整理出所有的信息，而且还整理出了问题。你能像老师这样用线段图整理出一、二年级的信息和问题吗？

画图要求：用线段图整理出所有的信息和问题；边画边思考：每条线段表示什么？

（1）尝试独立画线段图。

（2）展示、质疑、解惑、比较。

（3）板书总结：通过刚才的交流，大家会画线段图了吗？那么老师检验一下，请你当小老师，指挥我画线段图整理出一、二年级的信息和问题好不好。（边画边交流注意问题）

（4）比较：现在我们都会用线段图和纸条图表示出一、二年级的关系，那这两种图你比较喜欢哪一种？为什么？

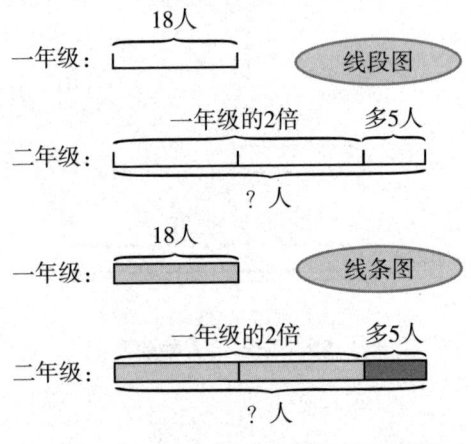

图4-23　求年级人数线段图和纸条图

生：喜欢线段图。线段图更简单、更清楚。没有纸条的时候可以自己画。

师：他说得太有道理了，线段图在解决问题的过程中可以帮助我们分析数量之间的关系。（贴：分析数量关系）

5. 分析数量关系、列式解答

师：请大家观察线段图，思考：求二年级有多少人，要先求什么？再求什么？先同桌之间交流，然后列式解答。（贴：列式解决）

师：谁来当小老师，边指着线段图边讲解。

生：先求一年级人数的2倍，18×2=36（人）。再求二年级的人数，即36+5=41（人）。

【评析】借助线段图将抽象的"数"和直观的"形"，紧密结合，互相比对，在一次次"数"与"形"的互动中，帮助学生厘清比一个数的几倍多几的数是多少的数量之间的关系，并建立相应的数学模型。

6. 勇于挑战

师：大家表现得这么好，咱们就放松一下，看看大课间这些同学在做什么？

生：抛球、跳绳。

师：那抛球和跳绳的人数之间有什么关系呢？下面做个小游戏：我画你说。老师画线段图，请大家看图说出信息和问题，好吗？

图4-24 勇于挑战练习题

师：谁能看图说一下信息和问题？

生：抛球的有10人，跳绳的比抛球的4倍还多6人。跳绳的有多少人？

师：说得真完整。怎样求跳绳的人数？先求什么？再求什么？

生：先求抛球的4倍有多少人，再求跳绳的有多少人？

7. 回头看

师：老师宣布大家挑战成功，在这么短的时间里，大家就和线段图交上朋友了，不仅会画线段图，而且还会分析线段图，太了不起了。下面让我们放慢脚步，回头看一下，刚才我们是怎样解决二年级的问题的。

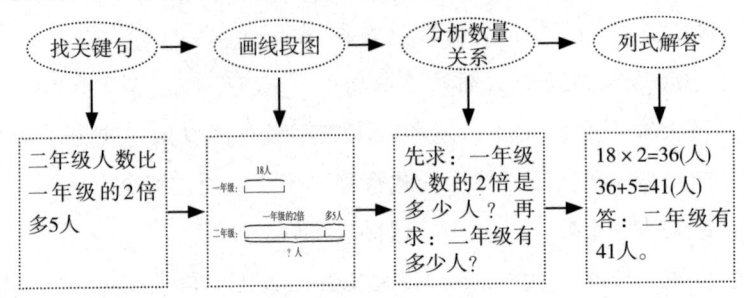

```
┌─────────┐    ┌─────────┐    ┌─────────┐    ┌─────────┐
│ 找关键句 │ →  │ 画线段图 │ →  │ 分析数量 │ →  │ 列式解答 │
│         │    │         │    │   关系   │    │         │
└────┬────┘    └────┬────┘    └────┬────┘    └────┬────┘
     ↓              ↓              ↓              ↓
┌─────────┐    ┌─────────┐    ┌─────────┐    ┌─────────┐
│二年级人数比│   │  18人   │   │先求：一年级│   │18×2=36(人)│
│一年级的2倍│   │一年级    │   │人数的2倍是│   │36+5=41(人)│
│  多5人   │   │一年级的2倍 多5人│ │多少人？再│   │答：二年级有│
│         │   │    ?人   │   │求：二年级有│   │  41人。  │
│         │   │         │   │ 多少人？ │   │         │
└─────────┘    └─────────┘    └─────────┘    └─────────┘
```

图4-25　回头看课件

【评析】及时对学习过程、经验和方法进行回顾与反思，理顺算法，明确比一个数的几倍多几的数是多少，需要先求一个数的几倍，再求多几的数，初步建立解决问题的数学模型，为下一步的学习进行铺垫。

8．学以致用

师：二年级的问题咱们轻松解决了，那大家能不能用同样的方法来解决三年级的问题呢？

（1）尝试画图整理分析。

（2）解疑释难：老师发现大家好像遇到困难了，没关系，咱们一起来想办法吧！选同学的作品进行交流。

重点交流："比一年级的3倍少2人"中"少2人"怎么表示？

生1：盖住、擦去。

生2：画2倍多一些。

师：老师要告诉大家一个小秘密，数学上一般用虚线表示少的部分。我们要先画出"一年级的3倍"，然后再擦去2人变成虚线表示"少的2人"。三年级的人数应该从哪到哪？谁上来指一指？

（3）教师总结画图方法。（课件）

（4）分析、解决问题：

师：谁来当小老师，边指着线段图边讲解该怎么计算？

生：先求一年级人数的3倍，18×3=54（人）。再求三年级的人数，即54-2=52（人）。

教师进行小结。

9. 积极探秘

师：解决了三年级的难题，咱们再来放松一下。看，这是同学们在练习打拳，中间队列的同学们都是练拳高手，有女生，也有男生，他们的人数有什么秘密呢？下面咱们来一次探秘之旅吧。（出示课件）

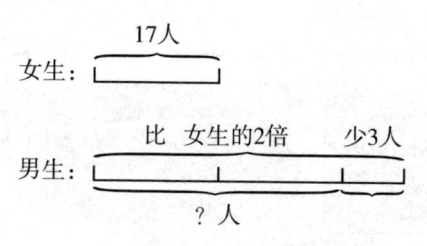

图4-26　积极探秘练习题

师：那么要求男生人数，要先求什么？再求什么？

生：先求女生人数的2倍，再求男生人数。列式解答17×2=34（人），34-3=31（人）。

【评析】把"求比一个数的几倍多几"的方法和经验迁移到解决"求比一个数的几倍少几"的问题中，很好地实现了知识方法的迁移，加深了学生对数量关系的理解，建立了"求比一个数的几倍少几"数学模型，使学生分析问题的能力在实践中得到发展和提升。

三、揭示课题

师：大家的探秘之旅圆满成功，现在我们回顾一下解决的二年级、三年级的问题，请大家观察它们有什么相同的地方和不同的地方？

生：都是先求一个数的几倍，再求多几或少几的数。

师：这就是我们这节课学习的知识：求比一个数的几倍多（或少）几的数是多少。在计算上，都是先求一个数的几倍，然后多的数就加上，少的数就减去。

四、回顾总结

师：下面让我们一起走进丰收园，总结一下咱们在大课间中都学到了什么数学知识。

生：求比一个数的几倍多（或少）几的数是多少。

师：解决这类问题时，我们用了什么方法？

生：找关键句、画线段图、分析数量关系、列式解答。

师：看来大家的收获都不少，希望大家能用今天的收获解决以后遇到的数学问题。

图4-27　丰收园课件

【评析】引导学生对学习过程、经验和方法进行回顾与反思，总结出解决问题的基本方法，构建知识网络，为以后解决问题积累了经验。

【总评】

首先，巧设情境，灵活运用，寓教于乐。

新课标中指出："教师应充分利用学生已有的知识经验，随时引导学生把所学的数学知识应用到生活中去，解决身边的数学问题，了解数学在生活中的作用。"教师在课程的导入部分出示了学生熟悉的大课间场景，极大地激发了学生学习的兴趣，使学生在不知不觉中参与到学习与探究中来。在教学"比一个数的几倍多几"后，安排"到大课间放松一下，进行游戏"的环节，在轻松的氛围中运用知识解决问题。在学习"比一个数的几倍少几"的知识后，再次到大课间中欣赏"运动风采"，利用学生的好奇心，运用所学知识探秘男生、女生的人数。整堂课以快乐大课间为主线，一次又一次地吸引着学生主动探究，快乐学习。

其次，巧用线段图，理清数量关系。

本节课，教师让学生在摆纸条中理清一、二年级人数的关系，接着让学生尝试画线段图，通过交流比较，让学生体会线段图产生的必要性与合理性，充分经历从"纸条"到"线段图"的抽象过程，让线段图成为学生一种内在的心理需求，帮助学生学会用线段图整理信息和问题，进而引导学生结合线段图分析数量间的关系。通过让学生上台展示、讲解，给学生提供了一个展示自我的平台，并多次让学生上台结合线段图指出先求什么、再求什么。如多的"5人"在哪里？少的"2人"在哪里？等一系列重点问题……在互动中活跃了数学思维，使学生理解"比一个数的几倍多（少）几的数"的含义，培养了学生的动手、动口、动脑的能力，在积极参与活动的过程中有所感悟、有所发现、有所创新，有效突破重难点。

最后，适度引领，授之以渔，建立模型。

课堂上教师注重分析数量关系，引导学生体会解决问题的一般方法：先是找关键句，接着画图整理信息，分析数量关系，最后列式解决。本课学生是第一次学习用线段图分析理解数量关系，让学生根据信息、问题，用线段图进行描述还是教学中的一个难点。教师在学生充分动手摆纸条的基础上，运用变魔术的方法使学生经历从"纸条图"到"线段图"的抽象过程，巧妙地将线段图融入学生的数学思维中，使学生感受线段图对理解题意、分析数量关系的优越性，掌握正确用线段图表示"比一个数的几倍多（少）几的数"的表示方法，并利用线段图的直观性有效建立解决"求比一个数的几倍多（少）几的数是多少"的数学模型。

培养运算能力的精品课例及点评2

《分数除法》教学实录与评析

教学过程：

一、理解整数除以分数的意义

师：大家看屏幕，这是学校布艺兴趣小组的同学为我们带来的作品展示，从这幅图中，你发现了哪些数学信息？根据这些信息你能提出什么问题？

布艺兴趣小组的同学要用2米布做书信袋。一个小书信袋需要$\frac{1}{5}$米，一个大书信袋需要$\frac{2}{5}$米。

图4-28　布艺课件

生1：2米布可以做多少个小书信袋？

生2：2米布可以做多少个大书信袋？

师：我发现咱们班同学特别善于提出问题。如果要算2米布可以做多少个小书信袋，该怎样列算式？（板书算式）

师：为什么用除法呢？

生：每个小书信袋用$\frac{1}{5}$米，求2米布能做几个，也就是看2里面有几个$\frac{1}{5}$，所以用$2 \div \frac{1}{5}$。

师：说得真好，求能做几个就是求2里面有几个$\frac{1}{5}$，所以要用除法。

师：那这2米布，如果做大书信袋，又能做几个？怎么列算式？

生：$2 \div \frac{2}{5}$。

师：为什么也用除法？

生：每个大书信袋用$\frac{2}{5}$米，要求2米布能做几个大书信袋，就是求2里面有几个$\frac{2}{5}$，所以用$2 \div \frac{2}{5}$。

师：老师听明白了，（指着黑板上的算式）只要求一个数里面有几个另一个数，都要用除法来计算。今天我们就继续学习"分数除法"。（板书课题）

【评析】好的教学设计源自对学生的深入研究，从学生的认知水平出发，从学生已有的经验出发。上课伊始，教师便创设了"校园兴趣小组"的情境，让学生提出2米布能做多少个小书信袋，多少个大书信袋，从实际情境引入，有利于学生结合具体情境理解整数除以分数的意义，虽然数量由整数变成了分数，但数量间的关系是永恒不变的，巧妙地实现了知识的迁移。

二、探索除数的分子是1的分数除法的计算方法

师：那你觉得这2米布，究竟能做多少个小书信袋？

生：10个。

师：都认为是10个？能说一说你们是怎样想的吗？

生：1米能做5个，2米能做10个。

师：只有数字听起来有点抽象，我们请图形来帮忙，如果我们用一张长方形纸表示1米长的布，那2米长的布应该怎样表示？每个小书信袋用1米的 $\frac{1}{5}$，2米布为什么能做10个？你能不能在图形纸上分一分表示出来？

师：大部分同学都画完了，咱们听一听这位同学是怎么分的？比一比看谁听得最认真！

生：把1米平均分成5份，每一份就能做一个，5份能做5个，再把第二个1米也平均分成5份，又能做5个，一共能做10个。

师：10是怎么得到的？

生：2×5=10（个）。

师：仔细观察这个算式，原来用除法计算，现在变成用什么方法计算了？你有什么不明白的问题？

生：为什么除法变成乘法了？

师：对呀，为什么除法变成了乘法？算式中的5表示的是什么？

生：1米能做5个小书信袋。

师：2×5表示的又是什么呢？

生：2米布就能做2个5。

师：对呀，所以除法算式变成乘法是有道理的。瞧，只有数字很抽

象，加上图形一下子就变得又直观又清楚了，看来"数形结合"还真是一种好方法。

（课件动态演示分的过程）

每个小书信袋用 $\frac{1}{5}$ 米

$$2 \div \frac{1}{5} = 2 \times 5 = 10（个）$$

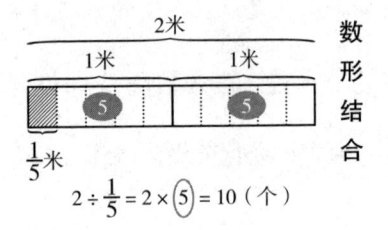

数形结合

图4-29 小书信袋课件2

【评析】知识是载体，思想是精髓。为了清晰深入地理解2米布为什么能做10个小书信袋，在动手操作的基础上，直观形象的课件演示，使学生清楚地看到：2米里为什么有10个，引导学生学会从"数"和"形"两个角度认识数学，使抽象的知识变得既直观清晰，又简单明了，"数形结合"这一思想已浸入学生心中。

师：那么如果每个小书信袋用 $\frac{1}{6}$ 米，2米布又能做多少个，怎么知道的？

生：把1米平均分成6份，1米里有6个 $\frac{1}{6}$ 米，2米里就有12个 $\frac{1}{6}$ 米。

师课件演示：现在要把1米平均分成6份，能做几个？再把这1米也平均分成6份又能做几个？一共能做12个，12是怎么得到的？

生：2×6=12（个）。

每个小书信袋用 $\frac{1}{6}$ 米，2米布可以做多少个？

$$2 \div \frac{1}{6} = 2 \times 6 = 12（个）$$

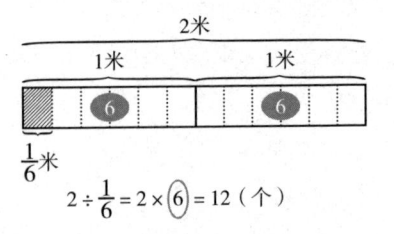

图4-30 小书信袋课件3

师：算式中的6表示什么？2×6又表示什么？

生：6表示1米能做6个，2×6表示2米能做多少个。

师：那么如果每 $\frac{1}{7}$ 米做一个小书信袋，又能做多少个呢？怎么列式？

生：2×7=14（个）。

师：算式中的7表示什么？2×7又表示什么？

生：7表示1米能做7个，2×7表示2米能做多少个。（随生回答课件演示）

每个小书信袋用 $\frac{1}{7}$ 米，2米布可以做多少个？

$2 \div \frac{1}{7} = 2 \times 7 = 14$（个）

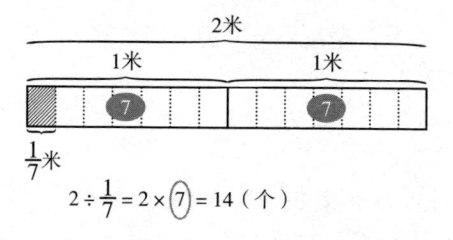

图4-31　小书信袋课件4

师（小结）：回头看，刚才解决问题的思路，我们用乘法解决了分数除法的问题，要求2米布能做多少个小书信袋，我们都是先求什么？再求什么？

生：先求1米布能做多少个，再求2米布能做多少个。

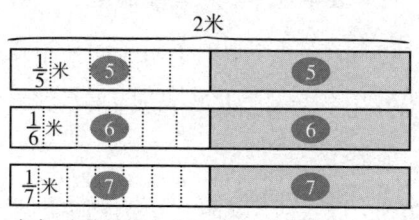

先求1米能做多少人，再求2米能做多少个？

图4-32　小书信袋课件5

师：这是一个非常好的思路，那接下来能不能继续运用这种思路来解决问题？

【评析】本环节，从每个小书信袋用 $\frac{1}{5}$ 米，到 $\frac{1}{6}$ 米，再到 $\frac{1}{7}$ 米，学生

的思维沿着坡度缓缓上升，有效地分散、突破了重难点，理解了除法算式变成乘法计算的算理。教师读懂了学生的思维，真正做到了以学定教，顺学而导。而适时地"回头看"，梳理了以上三个问题的解题思路，同时也培养了学生归纳概括的能力。

三、探索除数的分子不是1的分数除法的计算方法

师：每个大书信袋用$\frac{2}{5}$米，那2米布又能做多少个？能不能继续用画图的方法来研究？

请看小组合作要求：先在小组里说一说要求2米长的布能做几个，我们要先求什么？再求什么？再合作画一画，然后数一数，看2里面到底有几个$\frac{2}{5}$？

每个大书信袋用$\frac{2}{5}$米，2米布可以做多少个？

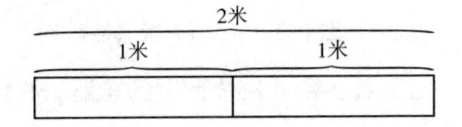

2米	
1米	1米

合作要求：1.先说一说：要求2米长的布能做几个？要先求什么？再求什么？2.小组再合作画一画。

图4-33　大书信袋课件1

师：大部分同学已经画完了，咱们来听一听这个小组同学的思路。

生：先求1米布能做几个大书信袋，再求2米布能做几个大书信袋。

师：1米布为什么能做2.5个？

生：把1米平均分成5份，每2份做一个，剩下的1份只能做半个，所以能做2.5个。

师：2.5可以用$\frac{5}{2}$表示吗？2米布一共能做多少个？

师：那5是怎么得到的？

生：$2 \times \frac{5}{2} = 5$（个）。

每个大书信袋用 $\frac{2}{5}$ 米，2米布可以做多少个？

$$2 \div \frac{2}{5} = 2 \times \frac{5}{2} = 5 \text{（个）}$$

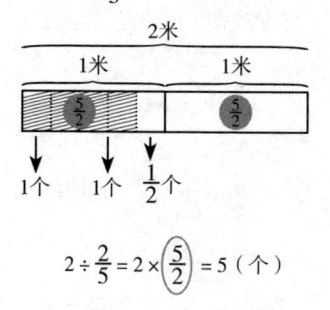

图4-34　大书袋课件2

师：那如果每 $\frac{2}{7}$ 米做一个大书信袋，2米布又能做多少个？怎样列式？

生：$2 \div \frac{2}{7}$。

师：那你觉得这道题该怎样计算？

生：$2 \div \frac{2}{7} = 2 \times \frac{7}{2} = 7 \text{（个）}$。

每个大书信袋用 $\frac{2}{7}$ 米，2米布可以做多少个？

$$2 \div \frac{2}{7} = 2 \times \frac{7}{2} = 7 \text{（个）}$$

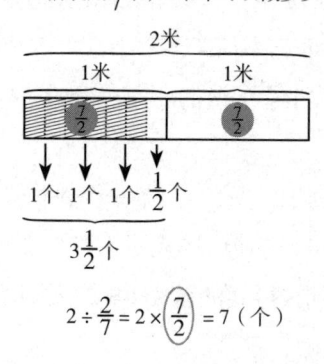

图4-35　大书信袋课件3

师：为什么可以这样算？在这里 $\frac{7}{2}$ 表示的是什么？$2 \times \frac{7}{2}$ 又表示的是什么？（结合学生回答课件演示）

四、探究为什么乘的是除数的倒数

回顾整理：回过头来仔细观察这节课我们列举的这几个算式，你还发现了什么？

仔细观察，你发现了什么？

$$2 \div \frac{1}{5} = 2 \times 5 = 10 （个）$$

$$2 \div \frac{1}{6} = 2 \times 6 = 12 （个）$$

$$2 \div \frac{2}{5} = 2 \times \frac{5}{2} = 5 （个）$$

$$2 \div \frac{2}{7} = 2 \times \frac{7}{2} = 7 （个）$$

图4-36 分数回顾课件

生1：都是把除法变成乘法计算了。

生2：都是变成乘除数的倒数。

师：那你有没有什么问题？

生：为什么乘的都是除数的倒数？

师：对呀，为什么乘的都恰巧是除数的倒数？这是一种巧合，还是有什么道理呢？大家想不想继续研究？

师：想一想，倒数在每一个算式里表示的都是什么？

生：1米布能做多少个小书信袋。

师：它的确表示的是1米布做的小书信袋个数。为什么1米布做的个数恰巧是除数的倒数呢？

师：我们看第一个例子，每 $\frac{1}{5}$ 米做一个小书信袋，求1米能做几个？其实就是求5份里面有几个1份。分母5表示有这样的5份，分子1表示1份做一个，所以用分母5除以分子1得到的就是1米能做多少个，而用分母除以分子得到的一定是它的倒数。

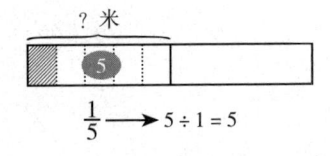

图4-37 分数除法的回顾课件2

师：一个例子不足以说明全部问题，换一个数试一试，每 $\frac{2}{5}$ 米做一个大书信袋，1米被平均分成了几份？几份做一个？要求1米能做几个$\frac{2}{5}$，就是求几份里有几个几？还是分母除以分子，得到的当然还是它的倒数。

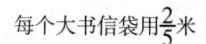

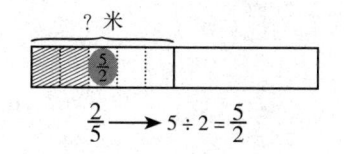

图4-38　分数除法的回顾课件3

师：同样道理，$\frac{2}{7}$米做一个大书信袋时，求1米能做几个大书信袋？就是求什么？

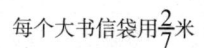

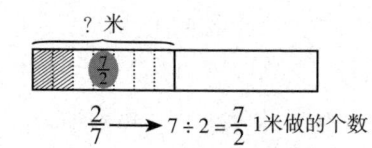

图4-39　分数除法的回顾课件4

生：就是求7份里面有几个2份。

师：回想一下刚才的推导过程，怎样能求出1米做小书信袋的个数？

生：用分母除以分子。

师：对，就是用分母除以分子，而分母除以分子就一定是这个分数的倒数。看来乘倒数不是一种巧合，背后还隐藏着道理。明白了道理，那谁来说一说以后怎样计算像这样的整数除以分数？

生：整数除以分数，等于整数乘分数的倒数。

师：完全正确，这就是整数除以分数的算法。通过数形结合我们不仅知道了整数除以分数的算法，而且还懂得了它的算理。

【评析】在用画图的方法充分研究了分子不是1的两个例题之后，再根据算式发现规律，最后再依托图形探究为什么乘的是除数的倒数的算理，抽象的"数"和直观的"形"，紧密结合，互相比对，在一次次"数"与

"形"的互动中,帮助学生真正理解整数除以分数的算理。

五、巩固练习

练一练

(1) $\frac{7}{9} \div \frac{7}{8} = \frac{7}{9} \textcircled{\times} \frac{7}{8} = \frac{49}{72}$ (×)　　$14 \div \frac{7}{8} =$

(2) $\frac{4}{9} \div \frac{2}{3} = \frac{4}{9} \times \frac{3}{2} = \frac{2}{3}$ (√)　　$10 \div \frac{1}{4} =$

(3) $8 \div \frac{1}{4} = 8 \textcircled{\div} 4 = 2$ (×)　　$2 \div \frac{2}{15} =$

图4-40　分数除法的练习

六、回顾整理,总结提升

师:时间总是非常快,今天我们主要研究了什么问题?(生:分数除法)什么样的分数除法?怎样计算整数除以分数?这是我们在知识上的收获。在整个学习过程中有一种方法给了我们很大的帮助,像这样研究数的问题,用形来帮忙,又借助形理解了数,这在数学上是一种非常重要的方法,叫作数形结合。这是我们在方法上的收获,还有吗?我觉得咱们班的同学会思考、会表达,这都是我们在能力上的提高,相信我们每个同学都有属于自己的收获,有收获就一定会有进步。

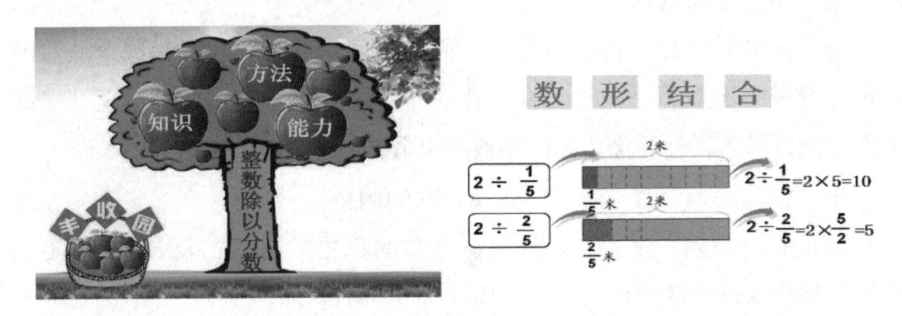

图4-41　分数数形结合

【评析】及时反思学习过程,引领学生对本节课整体建构——梳理知识,反思学法;整理思想,然后根据学生的回答出示知识树,以关键词的形式概括学习的方法，为以后研究问题积累数学活动经验。

【总评】

本节课突出体现了以下几个特点：

1. 引导学生主动应用数学思想，自觉感悟数学思想。

吴正宪老师说："数学思想"是灵魂，只有教师心中有思想，才会在教学中渗透思想，引导学生感悟思想。只要每一节课我们老师能结合教学内容有机地渗透一点点数学思想，自觉地做，坚持不懈地做，长期下去孩子们心中的数学思想便会更丰满、更厚重、更深刻。本节课笔者充分渗透和提升了"数形结合"的思想方法，在探究算理的过程中，将抽象的"数"和直观的"形"紧密结合，互相比对，在一次次"数"与"形"的互动中，分数除法算理，逐渐凸显，水到渠成。相信"数形结合"这一有价值、有生命力的思想方法，在实践中已深深印入学生的心田，学生在今后的学习中能够根据解决问题的需要，合理地选择和使用这一思想方法。

2. 自主探究、合作交流，充分体现了学生的主体地位。

新课标倡导探索、合作、交流的新型学习方式，学生是课堂上的主角，教师只是一个组织者、引导者和合作者。本节课，笔者充分信任学生，为学生提供了充足的思考空间、表达空间和创造空间。从独立思考表示2米布能做多少个小书信袋，到小组合作表示2米布能做多少个大书信袋，老师大胆放手让学生在独立思考的基础上，合作探究，并在师生、生生之间的一次次互动交流中，一次次质疑问难中充分感悟分数除法的计算方法，理解分数除法的算理。

3. 注重回顾与反思，促进学生有效学习。

学生对自己的学习过程、经验和方法的回顾与反思，是学习活动的重要组成部分，是学生学好数学必备的能力，也是促进学习活动优质高效开展的重要途径。本节课教师多次引导学生进行回顾反思，通过回顾两个例题的研究过程，总结分数除法的计算方法；通过回顾几个例子的验证过程，深入理解算理；课程的最后又引导学生回顾反思了整节课的学习过程（梳理知识，反思学法，整理思想），从而系统地理顺思路，整体构建了知识网络。每一次反思都是在引导学生总结研究问题的方法，同时也是向学生渗透反思的意识——当问题研究到一个阶段时，要及时进行反思，总结得失，为以后的研究积累经验。

培养几何直观的实践应用案例

画钟表——《时分的认识》预习性作业

作业内容：

1. 仔细观察生活中见过的钟表，自制一个钟面。

2. 通过自主观察，探索钟面上的奥秘。

（1）钟面上有多少个数字？

（2）钟面上有几根针？分别长什么样子，有什么不同？你知道它们都叫什么名字吗？这些针是按什么方向运动的？

（3）钟面上有哪些不同的格子？有多少个大格，有多少个小格？

（4）你还知道有关钟表的什么知识？

作业设计说明：

1. 设计意图：（1）虽然学生在日常生活中经常接触钟表，但对于钟表的认识还比较笼统，仅浮于表面。此作业旨在制作钟面的过程中引导学生全面、直观地感受钟面上的若干信息，为学习《时分的认识》一课打基础、做铺垫。（2）时间单位之间的进率是60进制，而学生一直接触的进率都是十进制的，在转换上受到思维定式的影响。针对教学过程中出现的这些情况，布置本次预习性作业，有利于学生自主发现，自主探究，对研究时分之间的关系起到良好的铺垫作用，从而培养学生的观察能力和动手操作能力。

2. 操作方法：学生在学习《时分的认识》这节课的前两天，先观察，准备材料，动手操作，直至完成。学习这节课内容时，将自己的作品带进课堂加以展示，有利于对时分知识的探究。

3. 作业评价：关注学生制作的钟面的基本情况；关注每个学生钟面的时针、分针、数字、刻度的准确情况；关注学生自主探究时分之间关系的过程。

学生作业样本呈现：

图4-42 学生作业样本呈现

学生作业A，教师评语：观察得比较仔细，能把钟面的轮廓展示出来，但是如果能再具体、全面一些，把数字之间的刻度画出来，是不是更有利于探索时分之间的关系？

图4-43 A学生作业样本呈现

学生作业B，教师评语：你观察得真仔细，用不同的色彩向我们展示了一个比较美观的钟面。如果能换一种材料，效果会更好；数字能再清晰一些吗？相信你会做得更棒！

图4-44 B学生作业样本呈现

学生作业C，教师评语：你是个用心的孩子！把钟面完美地展示出来了。你的综合素质比较高，相信你在今后的学习中会越来越出色！

图4-45　C学生作业样本呈现

学生作业样本评价：

1. 学生作业质量的评价

由于学生家庭生活中接触的钟面存在不同，学生做出了各种各样的钟面，外观不一样，质量也有差异，有的比较粗略，有的比较细致，但都能将钟面上的最基本的时针、分针、数字以及刻度表现出来，真正达到培养学生的观察能力的目的。但由于学生能力水平存在差异，有的学生做出的钟面不是很科学，比如钟面上两个数字间的刻度没有平均划分出来。另外，由于学生的审美观念不同，所以在材料的选择、颜色的搭配上差异也较大。

2. 学生实际作业中表现出来的特征

从本次作业能够看出，多数学生能认真对待作业内容，从观察、准备到动手做，都比较好地完成了本次作业。尤其作业质量优的孩子对待作业的情感态度比较好，做了精心的准备，可以看出这些孩子的综合素质比较高；但也有个别学生有应付作业的现象。

3. 肯定优点指出不足或提出改进意见

结合本次预习性作业，做综合分析如下：通过学生的亲身体验，深刻地认识了钟面上的时针、分针，一个大格分5个小格一共有60个小格，分针走一圈时针走一个大格，即1小时=60分。动手操作，在钟面上拨出几时整、几时半，真正达到了本次作业的预期目的。但由于学生作业质量不同，个别学生对时分之间的进率认识深度不同，建议作业有问题的学生回去将钟面加以修整、完善。

核心词之五——数据分析观念

何为"数据分析观念"

2011版新课标是这样阐述数据分析观念的:"数据分析观念包括了解在现实生活中有许多问题应当先做调查研究,收集数据,通过分析作出判断,体会数据中蕴含的信息;了解对于同样的数据可以有多种分析方法,需要根据问题的背景选择合适的方法;通过数据分析体验随机性,一方面对于同样的事情每次收集到的数据可能不同,另一方面只要有足够的数据就可能从中发现规律。"[①]

由"统计观念"转变为"数据分析观念",定位更清晰,指向性也更强了。

一、凸显"数据分析观念"的核心地位

统计观念范畴大,更概括;数据分析观念范畴小,更具体。收集处理数据是前提,分析解释数据是核心,推断决策是目的。数据分析是统计的核心,因此,让学生拥有一颗数据分析的头脑,是"统计与概率"教学培养的主要目标。我们应该始终把"数据分析观念"作为统计与概率教学中的一条主线。

[①] 摘自《义务教育数学课程标准(2011年版)》第6页。

二、"数据分析观念"是学生不可或缺的重要素养

随着社会的发展，数据离我们越来越近，我们会接触到形形色色的数据，而这些数据信息的背后隐藏着很多有价值的信息，因此学会收集数据、整理数据、分析数据就成为每个人不可或缺的重要素养。我们要让学生有数据分析的意识，即面对一件事，首先想到要借助数据来分析，要善于收集有价值、有代表性、适量的数据。其次要对收集到的数据采用科学的方法进行整理。最后能结合整理出来的数据信息进行分析决策。

三、"数据分析观念"是重要的数学思想方法

在整理、描述和分析数据的过程中，首先要用合理的方法收集数据，其次要对众多数据进行分类整理，最后再把整理后的数据运用各种统计图表直观展示出来，并加以适当的分析，为人们做出决策和推断提供依据。在整个过程中，往往需要渗透分类、归纳、类比和统计等数学思想。其中，最重要的就是统计思想。

怎样培养、发展小学生的数据分析观念

任何一个观念的建立都需要人们亲自参与、亲身经历。要发展学生的数据分析观念，最有效的方法就是让他们经历统计的全过程：创设情境、提出问题，收集信息、整理数据，分析数据、做出决策、进行交流、评价与改进。

一、精选问题情境，感受收集数据的必要性

图5-1 学生排队测量身高的情境

真实、贴近学生生活实际的情境既能激发学生参与统计活动的兴趣，更能让学生亲身感受收集数据的必要性。

例如，在学习《数据的收集与整理（二）》时，就创设了学生排队测量身高的情境，从"今年全班同学身高增长情况"这一主题，引出"统计身高增长情况"的活动，激发了学生参与统计活动的积极性，同时让学生自然而然地感受到收集数据的必要性，体验收集数据的方法。

环节一：创设情境，提出问题。

结合学生测量身高的情境，提出问题：今年全班同学身高增长情况。

环节二：感受收集数据的必要性。

师：怎样才能知道今年全班同学身高增长情况呢？

生1：先要测量出每个人现在的身高。

师：对，必须测量出每个人今年的身高，这种收集数据的方法叫作测量。

生2：还要知道去年每个人的身高。

师：怎么能知道去年每个人的身高呢？

生3：每年学校都要组织一次查体活动，我们可以查阅一下去年的查体记录。

师：这个收集数据的方法特别好，它的名字叫作调查。

生4：有了今年和去年的身高，我们就能算出每个人增长的身高了。

生5：为了节省时间，我们可以分组收集数据并且计算出增长的身高。

师：看来，只有收集到这些数据，才能解决这节课提出的问题。下面就请大家以小组合作的形式收集数据并且计算身高增长情况吧！

此环节，通过创设真实的活动情境，激发学生统计的兴趣，引发对数据进行收集与整理的需求，引导学生经历数据收集与整理的过程，让学生感受到收集数据是必要的、有用的，要想解决问题就离不开数据。

二、多种方法整理数据，体会数据整理的价值

仅仅收集到第一手数据还远远不够，为了更好地分析数据，必须将收集到的数据进行整理。教师要引导学生体会整理数据方法的多样性，感受整理数据的价值。

环节：体会数据整理的价值。

各小组交流组员身高增长情况。

师：听了刚才的交流，你们能了解全班同学身高增长情况吗？你能知道身高增长多少的人数最多，身高增长多少的人数最少吗？

生1：我们可以按照身高增长的数量分别统计人数。

生2：我们可以用画"正"字法整理数据。

生3：我们可以用统计表或统计图来整理数据。

小组合作整理，全班交流。

组1：用统计表整理数据

表5-1　三年级一班学生身高增长情况统计表

增长高度（cm）	6cm及以下	7cm	8cm	9cm	10cm及以上
人数（人）	5	13	15	8	4

组2：用画正字法整理数据

6cm及以下：正

7cm：正 正 下

8cm：正 正 正

9cm：正 下

10cm及以上：正

组3：用条形统计图整理数据

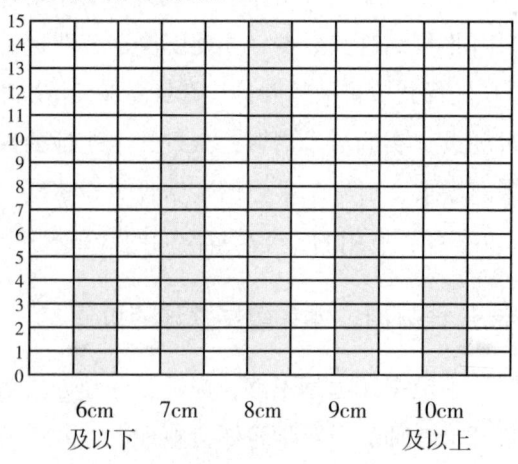

图5-2　三年级一班学生身高增长情况条形统计图

此环节，面对在小组内收集到的众多数据，学生会感觉很凌乱，看不出全班同学身高增长的大致情况，于是就产生了整理数据的想法，他们通过制作统计表、画统计图，体会整理数据方法的多样性，感受到条形统计图可以更清楚直观地描述数据所要表达的信息。

三、多角度分析数据，发挥数据在决策中的作用

通过各种统计图表整理完数据之后，接下来就要引导学生会读数据，会分析数据，会评价数据。因此，引导学生从统计图表中获取更多有价值的信息，已成为统计图表教学的重要目标。

（一）由浅入深，学会读图

统计图中蕴含着显性信息和隐性信息，教师要引导学生由表及里、由浅入深地学会读图。首先，会读统计图中的显性信息，即一眼便能看到的信息。比如统计图的名称，统计的时间，统计图横轴、纵轴所表示的信息，每个数据的多少，统计图的图例等。以上显性信息是读懂图的第一步，也是做出科学分析决策的前提。其次，要读懂统计图中的隐性信息，即根据显性信息进行简单推理后能得到的信息。一是数据的比较，即一个数据比另一个数据多多少，两个数据存在的倍数及百分比关系等。二是数据的整体变化，即最大、最小各是多少，数据的平均情况、数据整体的变化趋势等。三是对数据的解释和预测，仅仅看到数据还不够，重要的是结合数据及其联系、变化去思考、去解释、去判断、去预测。第四，对统计图的评价。进一步对统计图中的指标、收集数据的方法、是否合理使用统计图、得出的结论是否有道理等进行评价。

（二）联系实际，精准读图

学生看图分析有时会浮在表面，有时会出现疑惑，这时候就需要教师联系实际给予科学的解释或者提供有说服力的材料。

如下题：学生发现三个城市男女青年的平均身高依次下降，这是为什么呢？因为很多学生对于三个城市所在的位置不是很清楚，所以此时，教师出示地图圈出三地，学生发现上海在东部、武汉在中部、成都在西部，很明显因为地理位置原因，从东往西，男女青年的平均身高呈现下降趋

势。而且从地图上可以看出三个地方属于同一纬度，居民大多都是汉族，这又恰恰是保证样本选择合理性的重要因素。此时此刻地图的出示恰到好处，充分证明了结论的准确性与合理性。

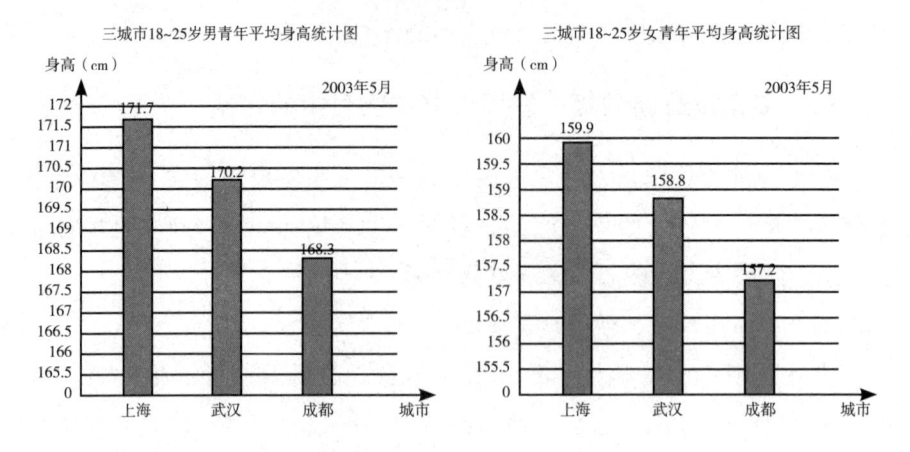

三城市18~25岁男青年平均身高统计图　　三城市18~25岁女青年平均身高统计图

（1）从图中你能获得哪些信息？

（2）在地图上找到三个城市的位置，你发现从东往西男女青年的平均身高有什么变化规律？

（3）你还能提出什么问题？

图5-3　三个城市男女青年的平均身高

同时，在看图提问时，有学生质疑：为什么这三个地方女青年都比男青年高？教师在两幅统计图上分别画出三条线，反问：是吗？女青年都比男青年高，不可能呀？此时，细心的学生会发现，是两幅图的纵轴上的刻度不相同造成的，从数据本身看，三个地方都是男青年高。教师指出，统计图有时会给人视觉上的误导。比如，只看条形感觉三地的男女青年身高相差挺大，但实际差多少呢？学生仔细观察数据，发现从数据看，身高只相差一点点，如159.9－158.8=1.1，条形怎么就相差这么大呢？此环节，教师抓住学生的质疑，引导学生理解，有时条形高低差异被放大，是为了便于观察、增强比较效果的需要。

四、经历统计的全过程，引导学生感受思想方法

学生在经历统计全过程中，如果忽视了"思想"，仅仅是扎实了统计的"双基"，并不能转化、升华为数据分析观念方法。那么，驾驭统计过

程、方法的内在思想观点有什么呢？

一是整体思想。统计和概率都需要从总体上观察、研究与把握，整体思想贯穿了统计的始终，因为通过样本来描述、推断总体是统计的根本任务，所以在收集数据时，教师就要引导学生思考我们所选的数据样本有没有代表性，能不能更好地说明总体。

二是随机思想。知道在统计的过程中存在不确定性，会出现例外，但是却可以透过偶然发现必然。

三是相对思想。统计如同人们对事物的认识一样，受到条件的制约，结果都具有近似、相对的性质。同样，统计方法也只有"好"和"不好"，没有"对"与"错"，也具有相对性。

以上思想在教学过程中要相互渗透，可以有所侧重，更宜整体落实。

培养数据分析观念的精品课例及点评1

《复式条形统计图》教学实录与评析

教学过程：

一、创设情境，提出问题

师：课前，老师布置大家调查同学患近视和家长患近视的年龄，现在大家交流一下。

学生交流中。

师：根据大家的交流和自己的调查结果，请大家比较一下同学和家长患近视的年龄，你有什么发现？

生：患近视的年龄提前了。

【评析】从学生熟悉的现实事例入手，让学生感受到要解决的问题真实而必要，从而使学生的学习更具有主动性，更容易体会到统计在解决生活问题中的价值和意义。

二、设计调查表

师：这只是大家的感受，老师觉得只凭大家调查的这几个少量的数据不足以证明这个问题，我们需要大量的数据，用统计的知识来证明。收集数据进行调查，需要调查的对象是谁呢？调查的内容是什么呢？

生1：调查的对象是学生和家长。

生2：调查的内容是患近视的年龄。

课件依次出现调查对象、内容等信息。

学生编号	年龄	学生编号	年龄	学生编号	年龄	学生编号	年龄	学生编号	年龄	学生编号	年龄
1	7	16	13	31	11	1	9	16	13	31	14
2	9	17	13	32	11	2	12	17	15	32	16
3	6	18	12	33	10	3	13	18	16	33	12
4	12	19	13	34	14	4	14	19	14	34	16
5	9	20	16	35	5	5	5	20	11	35	10
6	5	21	8	36	10	6	13	21	18	36	17
7	7	22	15	37	17	7	10	22	14	37	12
8	11	23	12	38	7	8	12	23	16	38	17
9	12	24	12	39	13	9	13	24	13	39	13
10	10	25	12	40	7	10	11	25	18	40	14
11	5	26	15	41	15	11	15	26	7	41	12
12	10	27	12	42	8	12	13	27	17	42	17
13	11	28	12	43	8	13	14	28	12	43	19
14	11	29	15	44	16	14	11	29	19	44	11
15	13	30	13	45	12	15	18	30	12	45	14

图5-4 中小学生和家长开始患近视的年龄调查统计图

【评析】让学生学会设计调查表是本课目标之一。在此给足学生时间和空间让学生充分讨论设计调查表，其目的是让学生由关注个体到关注群体，用数据来说话，培养学生通过数据分析解决问题的意识。

三、分年龄段整理数据

师：根据这些数据，你能很快地判断出患近视的年龄提前了吗？

生：太乱了。

师：需要一一整理。这些数据有7岁、9岁、6岁、11岁、10岁、15岁……这么多年龄怎样整理能让别人一眼就看清楚呢？

生：分段整理，几岁到几岁为一段。

师：我明白了，也就是分年龄段进行整理是吗？（课件展示）

分年龄段整理	年龄 人数（人） 类别	合计	7岁以下	7~9岁	10~12岁	13~15岁	15岁以上
	学生	45	3	9	19	10	14

年龄 人数（人） 类别	合计	7岁以下	7~9岁	10~12岁	13~15岁	15岁以上
家长	45	1	2	13	16	13

图5-5　中小学生和家长开始患近视的年龄段整理课件

师：两个表格看起来还是不太方便，再怎么整理一下会更清晰？

生：将两个统计表合并成一个统计表。

师：不错，像这样一合并就便于比较了。（课件演示合并过程）

年龄 人数（人） 类别	合计	7岁以下	7~9岁	10~12岁	13~15岁	15岁以上
学生	45	3	9	19	10	4

年龄 人数（人） 类别	合计	7岁以下	7~9岁	10~12岁	13~15岁	15岁以上
家长	45	1	2	13	16	13

制表	年龄 人数（人） 类别	合计	7岁以下	7~9岁	10~12岁	13~15岁	15岁以上
	学生	45	3	9	19	10	14
	家长	45	1	2	13	16	13

图5-6　中小学生和家长开始患近视的年龄统计制表图

师：请同学们依次观察，你有什么感觉？

生：越来越简洁，越来越清晰，越来越便于比较。

师：是啊！随着统计表的不断变化，我们就越来越便于比较了。你还能用更直观的方法来描述数据吗？

生：条形统计图。

【评析】由"乱"到分年龄段进行整理，让学生参与整理数据的过程，体验和感悟用统计表整理数据能更加清楚地反映数据的多少，突显整理数据的意义和作用，并为后续将两幅单式条形统计图合并成一幅复式条形统计图做了充分的铺垫，为学生充分认识复式条形统计图创造条件。

四、学习复式条形统计图

1. 体会两个单式条形统计图比较的弊端

师：出示学生、家长两幅条形统计图进行比较，左指一指，右指一指，大家有什么感觉？

生：很麻烦，很累。

师：你能想个办法解决这个难题吗？

生：将两幅图合并成一幅图。

2. 尝试创造复式条形统计图

师：（出示探究提示）同桌合作，想办法把两幅单式条形统计图合并成一幅，让别人一眼就能看出每个年龄段学生和家长的人数，而且便于比较。

3. 展示交流

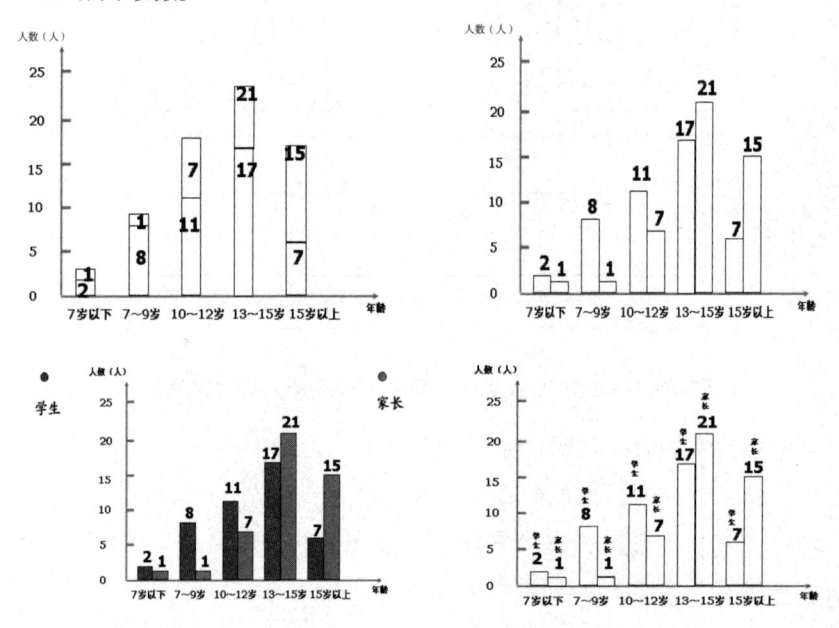

图5-7 中小学生和家长开始患近视的年龄统计图合集

师：比较四幅图（左上：单色图、无标注；右上：单色上下合并图；右下：文字图；左下：双色，有标注图），喜欢哪一幅？说一说理由。

生1：第1幅和第2幅看不出哪是家长，哪是学生，我觉得3、4幅比较清楚。

生2：我觉得第3幅用两种颜色表示特别清楚，就是哪种颜色代表什么不显眼,应该改一改。

师:说得真好,用两种颜色区分很清楚,但是我们必须标明哪种颜色代表什么,比如哪种代表学生,哪种代表家长,这在数学上叫作"图例"。

4. 梳理合图过程,出示规范的复式条形统计图的制作过程

(1)将黑板上的两幅条形统计图合并成一幅,引出课题——复式条形统计图。

(2)出示课件,在语音说明下动态展示每一制作过程。

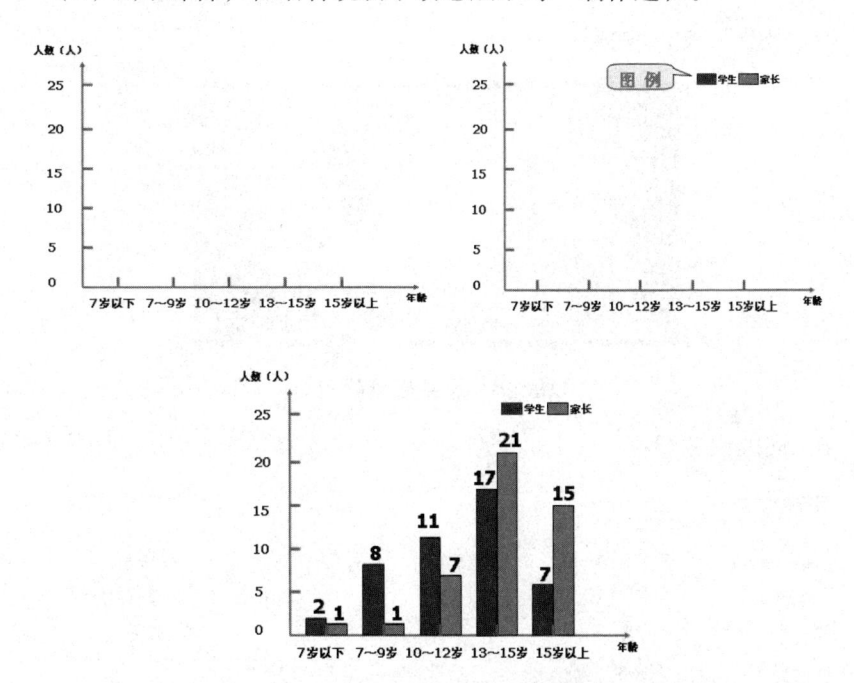

图5-8 中小学生和家长开始患近视的年龄统计图课件

语音说明:首先标明统计图的名称和制图时间,接着在横轴上确定年龄段,在纵轴上确定每个小格代表的人数。根据图例,选择不同颜色的直条表示相应的数据,每组内两个直条要相邻、宽度相同,组与组之间的间隔要均匀。

5. 分析复式条形统计图,得出结论

师:观察这幅复式条形统计图前三个年龄段,有什么发现?后两个年龄段,有什么发现?

生1：前三个年龄段学生患近视的人多。

生2：后两个年龄段家长患近视的人多。

师：（出示结论）据教育部、卫生部最新调查显示，我国中小学生近视率居世界第一位，而且患近视的年龄提前了……

师：患近视的年龄提前的原因是什么？

生1：手机、电视等电子产品越来越多。

生2：写字、看书姿势不正确……

专家建议：出示视频：

图5-9　课件视频截图

6. 回顾探究过程

图5-10　探究大回放课件

7. 复式条形统计图的优势

师：同学们，通过刚才的观察、比较、分析，大家发现复式条形统计图有什么优势呀？（课件出示两个单式条形统计图与复式条形统计图进行比较）

生：我觉得除了能直观地表示数据的多少之外，还便于比较两组数据的多少。

【评析】认识复式条形统计图是本课的重点。从比较两幅条形统计图的不便，利用知识的迁移，由两个统计表合并成复式统计表过渡到合并两个单式条形统计图，创造出复式条形统计图，然后分层处理学生创造的统计图资源，引导学生对比、分析、交流，使学生亲历"复式条形统计图"的产生过程，并逐步完善对复式条形统计图的认识，突出图例的作用。通过动态演示解说复式条形统计图的绘制过程，使学生明确绘制复式条形统计图的基本步骤和注意问题，帮助学生进一步认识复式条形统计图。在分析复式条形统计图的过程中得出结论，分析患近视的年龄提前的原因，观看专家科学用眼建议视频，引导学生增强保护眼睛的意识，养成良好的用眼习惯。最后通过引领学生回顾从提出问题到收集数据、整理数据、制表绘图、分析判断的全过程，提升与概括研究问题的方法与经验，使学生收获的不仅仅是知识，更重要的是解决问题的方法，帮助学生体会复式条形统计图的价值和意义。而且通过对复式条形统计图的分析，使学生进一步把握复式条形统计图的本质特征，体会复式条形统计图的优势所在，感悟学习复式条形统计图的价值和作用，培养学生初步的数据分析观念。

五、巩固实践

1. 甲、乙两停车场停车情况统计图

观察统计图，帮爸爸分析，爸爸的轿车应该停放在哪个停车场？（初步体会复式条形统计图的决策作用）

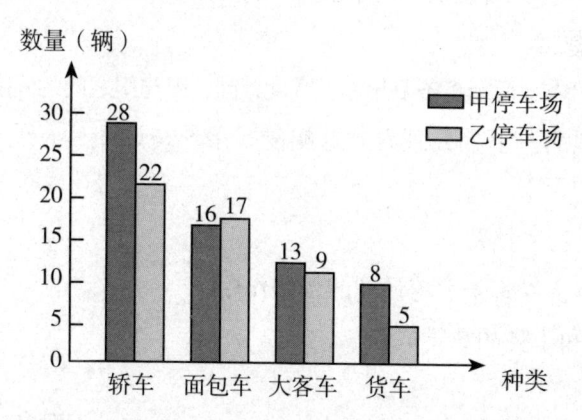

图5-11 甲、乙两个停车场车辆停放情况统计图

2. 甲、乙两种果汁饮料月销售情况

师：某超市经理想了解甲、乙两种果汁饮料月销售情况，他将要做什么工作？

生：收集数据、整理数据、制成复式统计表、绘制复式条形统计图。

师：那大家能根据统计表中的数据，帮经理绘制出复式条形统计图吗？咱们先来看图例是用几种颜色标注的？

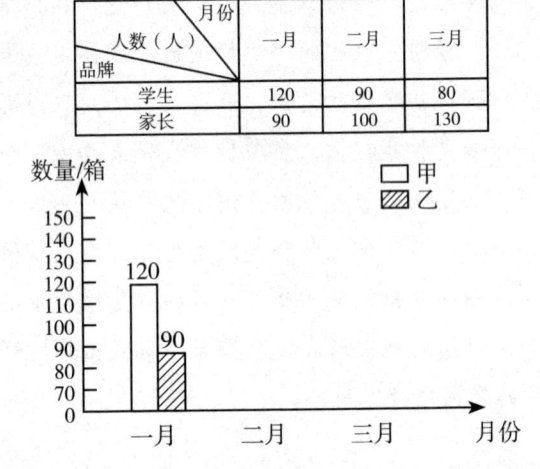

人数（人） 月份 品牌	一月	二月	三月
学生	120	90	80
家长	90	100	130

图5-12 某超市甲、乙两种果汁饮料月销售情况统计图

生：一种，甲是空白条、乙是斜线条。

师：这是我们平时做图常用的一种图例。（明确图例后，开始绘图）

师：画图时需要注意什么问题？

生1：标数据。

生2：每组内，两个直条要相邻、宽度相同，组与组之间的间隔要均匀等。

师：请预测一下，经理看到这幅复式条形统计图后，他会在四月份如何进货？

生：多进乙种饮料。

（初步体会复式条形统计图的预测作用）

3. 小明和小亮的数学成绩

出示图例。

师：大家看图5-15，老师想知道小明和小亮的数学成绩，谁提高的幅度较大?

生：无法判断，因为第一幅图没有图例。

师：第二幅图出示图例。谈谈喜欢谁的学习方法。

生：喜欢小亮的，成绩越来越好。

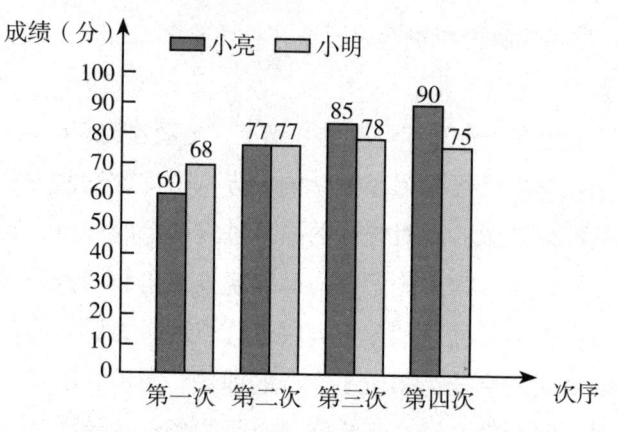

从图中可以看出，（　　）的成绩提高的幅度较大?

图5-13　数学自测成绩统计图

4. 生活各领域复式条形统计图的应用

介绍复式条形统计图的应用时，介绍横向复式条形统计图，描述多组数据的复式条形统计图。

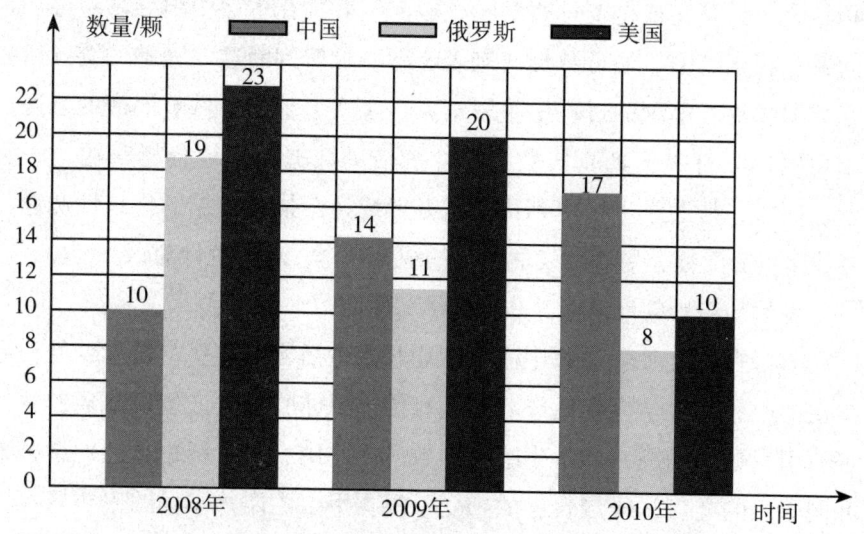

图5-14　中国、俄罗斯和美国发射卫星数量统计图（2011年11月）

【评析】本着数学来源于生活，又服务于生活的原则，设计一系列有针对性的练习，把数据分析与解决简单的实际问题结合起来，引导学生运用数学知识对生活问题进行预测、决策，使学生体验到学习数学无穷的魅力，激发学习兴趣，进一步体会统计在实际生活中的重要作用，形成初步的统计意识，培养数据分析观念，感悟统计的意义。

【总评】

首先，让学生在已有知识经验的基础上，主动建构新的认知结构。

教学之前，学生已经学习了简单的收集、整理数据的方法，认识了统计表、单式条形统计图，能对统计的结果进行简单的分析、判断。教师创造性地使用教材，引导学生先调查，确定调查对象和调查内容，学会设计简单的调查表；再由"乱"到分年龄段进行整理，为后续将两幅条形统计图合并成一幅复式条形统计图做了充分的铺垫。最后，引导学生亲历"复式条形统计图"的产生过程，逐步完善对复式条形统计图的认识，并通过动态演示解说复式条形统计图的绘制过程，使学生明确绘制复式条形统计图的基本步骤和注意问题，帮助学生有效突破重难点。

其次，引导学生经历完整的统计过程，培养统计意识。

《课程标准》指出："在引导学生经历统计的过程中培养统计意识、积累统计经验应该是统计教学的核心。"教师在本课中引导学生经历提出问题、收集数据、整理数据、制表绘图、分析判断这一完整的统计过程。在数据收集、整理的过程中重视培养学生实事求是、做事严谨的态度，使学生明白只有收集到真实数据，才能借助数据正确地分析问题，解决问题。同时，帮助学生感受到用复式条形统计图描述数据的优越性和进行判断决策的必要性，更好地发展学生的统计观念，培养统计意识。

最后，巧妙创设情境，凸显数学与生活的密切关系。

教师在整个教学过程中注重密切联系生活实际，整个课堂处处洋溢着生活的气息，从学生生活经验和已有的知识体验出发，创设生动的生活情境，引发数学问题，让学生感受到数学的作用。如：根据自己的调查结果和同学们的交流，谈谈自己的感受？根据甲、乙两停车场的停车情况，自家的轿车应该停放在哪个停车场？根据甲、乙饮料前三个月的销售情况，预测一下商场经理四月份会怎样进货？根据小明和小亮的数学成绩的提高情况，决定学习谁的学习方法等，使学生体会到数学在现实生活中的作用和价值，学会用数学的眼光去观察事物、思考问题、解决问题，体验到了数学无穷的魅力。

培养数据分析观念的精品课例及点评2

《折线统计图》教学实录与评析

教学过程：

一、创设情境，提出问题

师：大家知道世界读书日是哪一天吗？

生：4月23日。

师：国际上于1995年正式把每年的4月23日确定为"世界图书与版权日"。

师：为什么要设立读书日？

生：为了让大家多读书，读好书。

师：对，设立目的是推动更多的人去阅读和写作。每年的这一天，世界100多个国家都会举办各种各样的庆祝和图书宣传活动。

师：古代有许多名家都很主张认真读书，北宋时期苏轼就留下了"腹有诗书气自华"的名句；苏联的著名作家高尔基的"书是人类进步的阶梯"告诉我们要想进步就要不断地读书。

师：学校"书香校园活动"也正在进行中，老师的孩子去年刚上一年级，老师把上学期孩子的读书情况进行了统计，你们想看吗？

生：想看。

【评析】先从学生感兴趣的话题谈起，充分激发学生的学习兴趣，渗透德育目标引导学生多读书、多阅读，直接切入学习主题。整个导入环节简单明了、流畅自然。

二、探索新知

（一）感悟折线统计图的必要性

师：观察统计表，能在2秒内知道"他哪个月读书最多，哪个月读书最少"的同学请举手。（课件，两秒后表格中的数据消失，学生面露难色）

师：看来，想快速找到答案有难度。结合以前学过的知识，想一想怎样呈现这组数据可以让我们一眼就看出哪个月最多、哪个月最少呢？

生：画条形统计图。

师：同意吗？看，统计表摇身一变。（课件出示条形统计图）现在能一眼看出哪个月多哪个月少吗？

生：十二月份和一月份读书最多，九月份读书最少。

师：条形统计图很直观。

师：难度增加，请在5秒内找出"哪两个相邻的月份中，本数增长得最快"，计时开始！（课件，五秒后条形统计图消失，学生再次面露难色）

师：看来，条形统计图在这里有些不够用了。想想办法，怎样呈现这组数据，让我们一眼就能看出数据增长的快慢呢？

生：折线统计图。

师：你在哪里见过？你能说一说它的样子吗？

生1：我在数学课本上见过，用线来表示的图。

生2：我在超市见过……

师：你们是生活中的有心人。就像这些同学所说的，我们可以用折线统计图来呈现这组数据。（板书：折线统计图）想象一下，用折线统计图来表示这组数据，会是什么样子呢？

学生静静思考，想象折线统计图的样子。

【评析】借助学生已有的统计表和条形统计图的基础和经验，在解决谁最多、谁最少、谁增长最快这几个问题的过程中，有效唤醒学生的已知经验，为下面绘制统计图做好准备。

（二）认识折线统计图

师：想看折线统计图吗？仔细观察，条形统计图是如何变成折线统计图的，我们一起说变、变、变。（课件出示条形统计图变成折线统计图的过程，直条不断变细，缩成一个点，最后把一个个点联结起来。）

师：这就是折线统计图。谁来说一说它是怎么变出来的？和条形统计图有什么异同？

生：条形统计图的直条越变越窄，最后变成一个点，再用线把点连起来。

师（小结）：横轴的项目、纵轴的刻度、标题和日期都没变，只是原来的"条"变成了"点"和"线"。（板书：点 线）

师：看来点和线是折线统计图的主要组成部分。这些点和线能告诉我们什么呢？（学生先独立思考，然后小组讨论，最后全班交流）

师：先来说一说点。

生：点表示数量的多少。

生：点的位置高表示数量多，点的位置低表示数量少。

师（小结）：点的位置的高低表示数量的多少。（板书：数量多少）

师：再来说一说线，它告诉我们什么呢？

生：线表示数量的变化。（伸手来感觉一下数量的变化）

师：方向不同的线，分别表示什么呢？

生：（边说边用手势表示）像这样上升的线，表示数量增长；这样下降的线，表示数量减少。

生：平平的线表示数量不变。（板书：增长、不变、减少）

师：还有什么发现吗？（生没有回应）我们把目光聚焦到这几条线上，它们都表示数量增长。增长最快的这条线有什么特点呢？

生：我感觉这条线最长。

师：除了最长，它还给你什么直观的感觉？为了便于比较，我们把所有表示增长的线放在一起看一看。

生：我发现这条线是最陡的。

师：为什么表示数量增长最快的线又长又陡呢？

生：因为数和数之间的变化大，所以线又长又陡。（师生用手比画，进一步理解）

师：数和数之间变化小，线就会缓一些。

师：用来表示下降的线又有什么特点呢？

生：也是又长又陡的，只不过方向是下降的。（该生用手比画，教师引导其他学生观看）

师：同学们，在听天气预报的时候，听说过"跳崖式降温"吗？

生：听过，就是降温幅度太大，那条线像悬崖一样陡峭。

师：我们一起比画一下，想象折线统计图中"跳崖式降温"线的样子。（边说边比画）

师：同学们，伸出你的手整体比画一下这条折线，你有什么发现吗？

生：我发现，老师家孩子读书越来越多，整体是上升趋势。

师：你看出了他读书变化的整体趋势。预计一下，3月份他有可能读书多少页呢？

生：70页，因为他又有时间了。

生：100页。

【评析】教师放手让学生自主探索，通过观察、伸手体验感受数据变化的趋势，让学生了解折线统计图的组成、变化。学生在轻松课堂氛围中完成折线统计图的认识。

（三）绘制折线统计图

师：老师家孩子在读书，我们401班的孩子也在读书，老师课下把咱班的读书情况也进行了简单的整理，你们想不想看看我们大家的读书成果？

生：想！

师：你们想看到什么？

生：想看到我们哪个月读得最多，哪个月读得最少。

师：那我们选择？

生：条形统计图。

师：你们还想看到什么？

生：我们读书数量的变化趋势。

师：用什么统计图呢？

生：折线统计图。

师：折线统计图可以看出？

生：整体变化趋势。

师：现在我们就拿出笔来画一画折线统计图。先回顾一下条形统计图是如何变成折线统计图，再动手画一画。

学生画后交流、讨论、评价。

师：我们一起在电脑上画一次。

生：描点、标数、连线。

师：看看这个折线统计图所表示的变化趋势。

生：先增长再减少再增加。

师：为什么会出现这种情况？

生：先是放寒假读书增多，过年走亲戚的时候读书少了，过完年增加。

【评析】 学生通过同桌合作来绘制折线统计图，掌握绘制方法，并利用学生自评、组内互评、教师评价等方式优化制图方法。

三、学以致用

师：同学们，我们一起回顾一下，如果我们想进行简单的数据整理，用什么方法？

生：就用统计表。

师：如果想看数据的大小，用什么方法呢？

生：条形统计图。

师：那折线统计图呢？

生：不但可以看出数据的大小，而且还能看出数据的整体变化趋势。

师：接下来，你能选择合适的统计图吗？

1. 调查本班同学这一学期读了多少本课外书，了解课外阅读情况。

2. 调查自己从0岁到10岁的身高情况，了解自己的身高变化情况。

3. 调查烟台市2008年—2018年人均公共绿地面积情况，了解人均绿地面积的变化情况。

4. 调查本班同学喜欢的电视节目情况，了解同学们的爱好。

师：根据数据的特征和我们的需要选择合适的统计图。

【评析】设计贴近生活的练习，有助于激发学生的学习热情，让他们更好地掌握知识。

四、拓展

出示艾宾浩斯遗忘曲线，感兴趣的同学回家研究。

【总评】

《折线统计图》这一课是四年级下册中的内容。这一课时是让学生在条形统计图的基础上认识折线统计图并掌握其特点，进一步感受统计在现实生活中的作用，体会数学与社会实际的密切联系。条形统计图侧重于几个具体数量的多少和比较，而折线统计图则能直观地看出某一事物在一段时间里的发展变化，展示的是事物发展的趋势。笔者认为这节课重点突出了以下几点：

首先，关注学生的学习起点。

关注学习起点是对数学教学传统的继承与发展。教师在深入钻研教材，全面准确地理解教材、把握教材的基础上，结合学生的现实起点，有的放矢地设计教学才能让孩子更有目的、更轻松地学习。老师在新课导入时，先出示统计表，让学生在2秒内找出"哪个月读书最多，哪个月读书最少"。然后又出示条形统计图，让学生在5秒内找出"相邻的哪两个月读书本数增长最快"，进而由条形统计图变成折线统计图，在两者之间的联系中促进知识的迁移，确保学生能够感受折线统计图的特点。

其次，关注统计的现实意义。

数学教学必须由书本数学走向生活数学，对教材进行必要的调整和加工，恰当选择与学生现实生活密切相关的情境和问题，把鲜活的题材引入教学中，赋予教材以新的内涵。老师在设计的时候特别注重统计知识与生活的紧密联系，选取学生身边的、熟知的生活材料，让学生感受统计就在自己的身边。让学生在分析数据、解读数据的过程中，探究、发现数学知识，体验到数学就在我们身边，从而增强学习的动力，产生积极的情感。这样一来，不仅能使学生感受统计在生活中的作用，更能激发学生的学习热情。

培养空间观念的实践应用案例

看看我的表现——"折线统计图"实践性作业

作业内容：

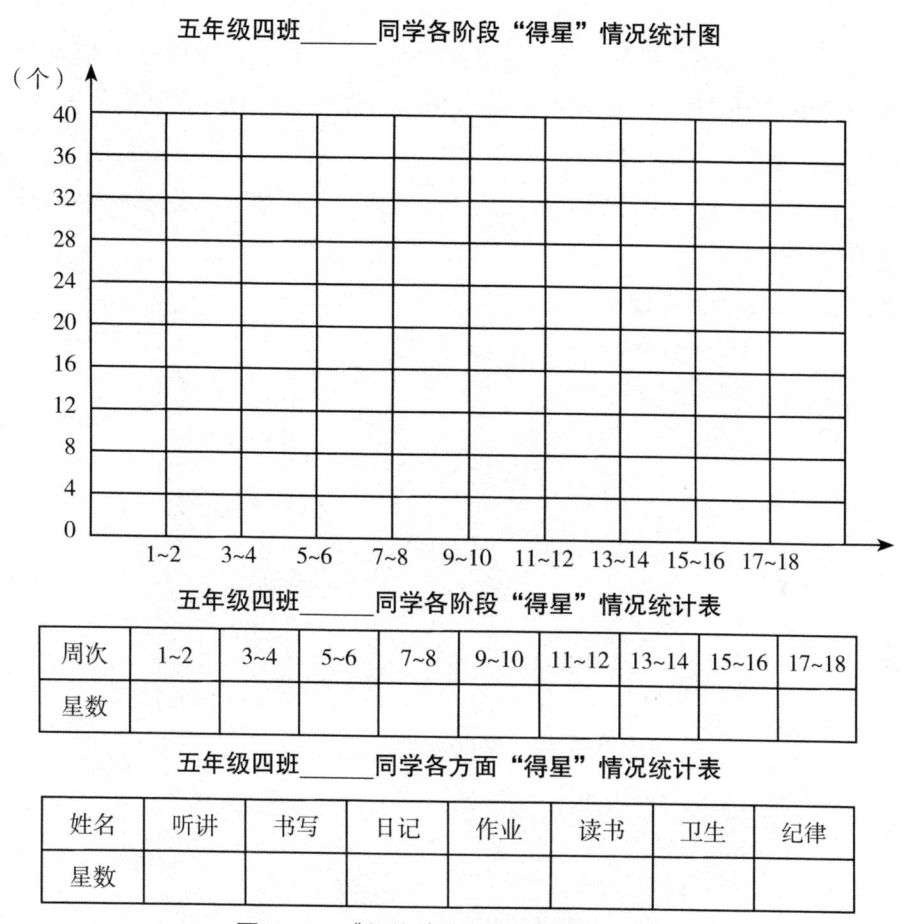

五年级四班_____同学各阶段"得星"情况统计图

（图：纵轴单位"个"，刻度0、4、8、12、16、20、24、28、32、36、40；横轴分段1~2、3~4、5~6、7~8、9~10、11~12、13~14、15~16、17~18）

五年级四班_____同学各阶段"得星"情况统计表

周次	1~2	3~4	5~6	7~8	9~10	11~12	13~14	15~16	17~18
星数									

五年级四班_____同学各方面"得星"情况统计表

姓名	听讲	书写	日记	作业	读书	卫生	纪律
星数							

图5-15 《折线统计图》实践性作业组

在我们班举行的"比比谁最棒"活动中，你的表现如何？你能用学过的统计知识整理分析一下，并说一说自己今后的打算？

作业设计说明：

1. 设计意图：本次活动在学生学习了单式折线统计图、单式条形统计图之后，通过调查本学期"比比谁最棒"活动中的得星情况，进一步巩固所学的统计知识，综合分析自己本学期的表现。明确哪段时间表现好，哪段时间表现差，哪一方面表现突出，哪一方面需要努力，从而使学生更清楚地认识自我、改进自我。另外，通过此次活动，学生感受到统计在生活中的广泛应用及作用，培养学生的数学意识及运用数学知识解决问题的能力。

2．操作方法：课内与课外相结合的办法，课外主要是利用双休日的时间，学生根据得星情况绘制统计表、统计图，并综合分析本学期的表现；课内主要是进行交流探讨。

3．作业评价：关注学生对相关统计知识的掌握情况，关注学生的分析能力。

学生作业样本呈现：

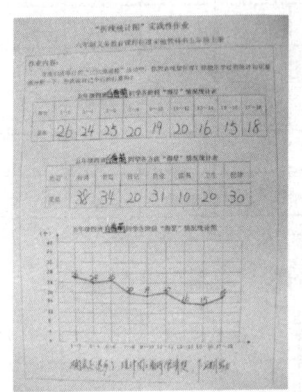

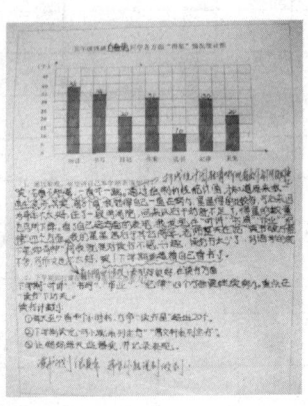

图5-16　学生作业样本呈现1

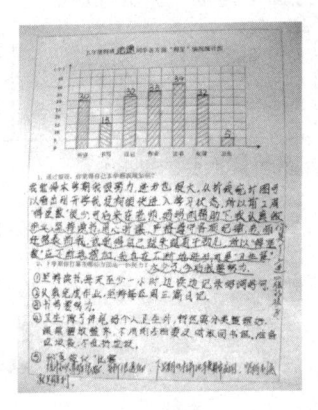

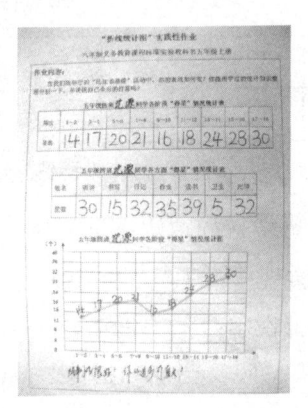

图5-17　学生作业样本呈现2

学生作业样本评析：

1. 学生作业质量评价

通过完成本次实践性作业，发现在全班51名学生中，大部分能准确地搜集资料、整理信息，能根据具体情况选择合适的统计图，正确地绘制折线统计图和条形统计图。更令人欣慰的是半数以上孩子不仅会画，而且会根据统计图具体分析总结自己各阶段、各方面的表现，并写出下学期的计划。通过完成本次作业，每一个孩子对自己一学期的表现都有了一个比较清晰正确的认识，更明确了自己下学期应努力的方向。

2. 学生作业中表现出来的特征

本次作业立足于数学知识，教师引导学生把从书本上学到的知识和技能应用到实际生活中去解决问题。本次作业改变以往简单重复练习的做法，具有较强的操作性和综合性，是一次非常有实效性的作业，也为孩子们成长道路上留下了宝贵资料。具体体现以下特征：

（1）把数学知识与学生的学习生活紧密联系，可操作性强，学生兴趣浓厚。把学到的数学知识应用到实际生活中，调动了学生动手、动脑的积极性，提高了学生搜集整理和实践的能力，激发了学生完成作业的兴趣，让孩子们把学过的知识活学活用。通过本次作业，学生对自己一学期的表现都有了一个比较清晰正确的认识，更明确了自己下学期应努力的方向。

（2）因为本次作业与学生生活联系密切，学生比较感兴趣，所以大部分学生能正确绘制统计图，并能根据统计图深入细致且有针对性地分析自己一学期的表现，综合应用知识解决问题的能力和语言组织能力都比较强；少数同学统计知识掌握得比较好，但综合应用知识灵活分析问题的能力和语言表达能力还须进一步加强；"完成本次作业有困难"的学生对"折线统计图"和"条形统计图"这一基础知识还没有真正掌握，不知哪种情况下该选择哪种统计图，分析反思的能力更有待加强。

3. 肯定优点或改进意见

优点：便于操作，有实效，学生们很喜欢。

改进意见：根据本学期举行的评比活动自行设计统计表、统计图。

核心词之六——运算能力

何为"运算能力"

《数学课程标准（2011年）版》指出，"运算能力主要是指能够根据法则和运算律正确地进行运算的能力。培养运算能力有助于学生理解运算的算理，寻求合理简洁的运算途径解决问题。"[①]

仔细阅读课标中关于运算能力的叙述，可以发现正确运算、理解算理、方法合理是运算能力的三大要素。

运算能力的形成可以分成两个阶段：

运算技能阶段：能够按照一定的步骤正确运算称为运算技能。此阶段要求学生计算正确、熟练。

运算能力阶段：能根据题目特点选择科学、简洁的方法解决问题。此阶段要求学生不但算对还要讲究方法。

下图为运算能力的四面体模型，此图可以解释为：

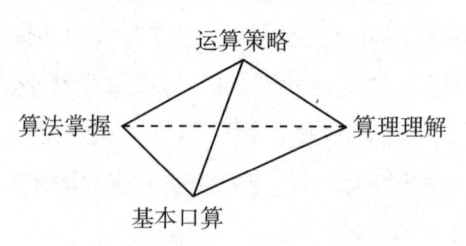

图6-1 运算能力的四面体模型

[①] 摘自《义务教育数学课程标准（2011年版）》第6页。

第一，熟练准确地进行基本口算是形成运算能力的基础。何为"基本"口算，一是指最基础的，二是用到最多的。小学阶段基本口算主要指20以内的加减法以及表内乘除法。因为这些基本口算是其他一些复杂的口算和笔算、估算必须用到的，没有了基本口算能力，就不具备最起码的运算能力。怎么才算"熟练准确"，就是张口即来，不假思索，是一种下意识的反应。

掌握算法、理解算理是形成运算能力的关键。理解算理才能真正掌握算法，掌握算法才能进行正确的计算。不懂算理，计算起来就是死记硬背、生搬硬套，绝对做不到灵活应用，更不能激发学生对运算的兴趣。算理与算法就如同运算能力的两翼，只有既理解了算理，又掌握了算法，才能理解深入、举一反三、灵活运用，进而提升运算能力。

基本口算、算法掌握、算理理解共同构成了运算能力坚实的地基，在此基础上学生的运算能力才能得以提高。运算策略是指运算信息的挖掘与运算问题的定向，运算方法的选择与运算过程的简化及其自觉评价。

第二，运算教学贯穿于数学教学的全过程，所有的数学问题基本都离不开计算，运算能力也是每一位公民在生活中必备的能力。因此，运算能力在数学教学中的价值是显而易见的。教材中关于运算的知识点难度并不大，但在实际运算中学生却会出现很多错误，原因在哪里呢？有的学生是运算态度的问题，有的是运算方法的问题，还有运算技巧的问题……总之，培养学生的运算能力不是一蹴而就的，以下四点非常重要：

一、熟练准确地进行基本口算是形成运算能力的基础

基本口算在运算教学中的地位和作用不容忽视，教师要抓住20以内的加减法和表内乘除法这两个关键知识点，让学生在理解算理的基础上，采用多种形式和方法进行训练，以达到张口即算、算了就准的目的。

基本口算要从理解、掌握到熟练、内化，最终作为计算的直觉反映，构成运算能力的基础。

（一）在理解算理中掌握算法

以"9+6"为例，9+6该怎样计算？结果等于多少呢？学生借助摆小棒，同桌合作寻找方法，初步感知算理。

同桌合作，摆小棒，说算法。

师：你们是怎么算的呢？哪两个同学来交流一下。

生1：先摆9根，再摆6根，数一数一共有15根。

生2：我们想10+6=16，然后再减1，就是15。

生3：我们想9根先加上1根正好是10根，10根再加5根就是15根。

师：你们觉得哪种方法计算起来最快也最简单？

生4：第三种方法又快又简单。

师：为什么要从6里面拿出1根给9呢？拿出2根、3根给它不行吗？

生：拿出1根正好能和9凑成10，这样计算起来简单。如果拿出2根或3根就不能凑成10了。

（课件演示：凑十法）

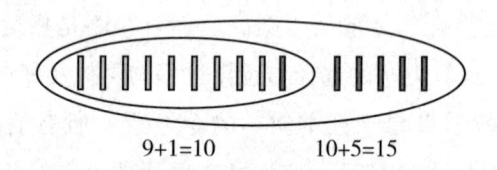

9+1=10　　　10+5=15

图6-2　凑十法课件演示1

同样道理，9+2、9+3、9+4、9+6……也引导学生用凑十法来解决。

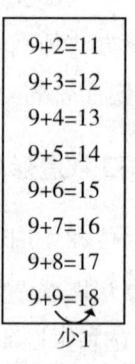

9+2=11
9+3=12
9+4=13
9+5=14
9+6=15
9+7=16
9+8=17
9+9=18
少1

图6-3　凑十法课件演示2

以上环节，通过学生动手操作，教师课件直观演示，不仅让学生明白了9+? 的算理，而且感受到凑十法的简洁。

当学生已经能熟练运用凑十法解决问题之后，教师可以引导学生观察算式找规律，在找规律的过程中再明算理，熟练算法。

学生会发现：计算结果的个位上的数比加数少1。

那少的1到哪里去了呢？少的1给了9，和9凑成了10。

（二）在多形式练习中形成技能

当学生掌握了口算的算理之后，要想张口即算、算了就准，就必须遵循低年级学生的年龄特点，采用多种形式进行一定量的口算练习。

一是视算：老师出示口算卡片，同学们开始按顺序计算，可以以小队形式进行。这种形式可以给每个孩子表达的机会，并且增强小组合作意识。

二是听算：老师读题，学生边听边思考边写得数。这种练习需要学生专注力强，多种感官并用，既能培养学生的专注力，也能培养学生思维的敏捷性和抽象性。

三是竞赛法：可以组织不同形式的口算竞赛，如"找朋友""对口令""开火车"。这样的练习适合低年级学生的年龄特点，可以激发学生的口算兴趣。

四是写口算题卡：每人准备口算题卡，每天进行5分钟小练习。

五是游戏法：每人准备一套10以内数字卡片，同桌合作随意抽两张进行各种口算练习。

总之，要想快速准确地进行口算，必须在低年级阶段下功夫。教师只要根据学生的年龄特点，采用多种形式，引导学生循序渐进地坚持每天练习，就一定能达到脱口而出的水平，为良好运算能力的形成打下坚实的基础。

二、理解算理，掌握算法是形成良好运算能力的前提

教材中一些基本运算的算法简洁凝练，充满了理性，它是从古至今人们实践探索的结晶。每一种运算都有严格的步骤，每一步都蕴含着实际的意义。记住每一步运算的计算方法很简单，但如果不能理解其中的道理，学习之后就很容易遗忘，或者在计算过程中很容易出错。要想让学生感受每一种运算的简洁与理性，体会运算方法的价值与魅力，灵活进行各种运算，就必须回溯过去，了解这些知识的发展历程，在教学中以适当的方式再现这些数学内容的发生发展过程。还要深研算理，挖掘知识背后蕴含的思想

方法，借助各种直观形成引领学生感悟思想方法，形成有意义的理解。

例如，在低年级教学"退位减法34-18"的过程中，我们可以充分利用数形结合的数学思想，直观呈现算理、理解算理。

首先出示方格图，让学生说一说方格图表示的运算过程的意义，然后将方格图与竖式紧密结合，充分理解退位减法的运算法则：相同数位对齐；从个位减起；个位不够减从十位退1。将抽象的运算与直观的图形融合起来，互相比对，每一步运算的道理便清晰明了了。可见，数形结合是帮助学生理解算理的重要方法。

各种运算方法之间是有联系的，如何将之前学过的运算方法迁移至新的运算中，巧妙地帮助学生理解算理呢？我们以"两位数乘两位数"为例来看一看。

例如，37×23怎么算到？学生会想到：先求3个37是多少？37×3=111。再求20个37是多少？37×20=740。最后求23个37是多少？111+740=851。

还会用三个竖式来解决问题：

$$\begin{array}{r} 37 \\ \times\ 3 \\ \hline 111 \end{array} \qquad \begin{array}{r} 37 \\ \times\ 20 \\ \hline 740 \end{array} \qquad \begin{array}{r} 111 \\ +\ 740 \\ \hline 851 \end{array}$$

图6-4　竖式计算

在此基础上，将竖式与以上两种方法进行沟通联系，帮助学生理解每一步的算理，同时体会竖式计算的简洁性。

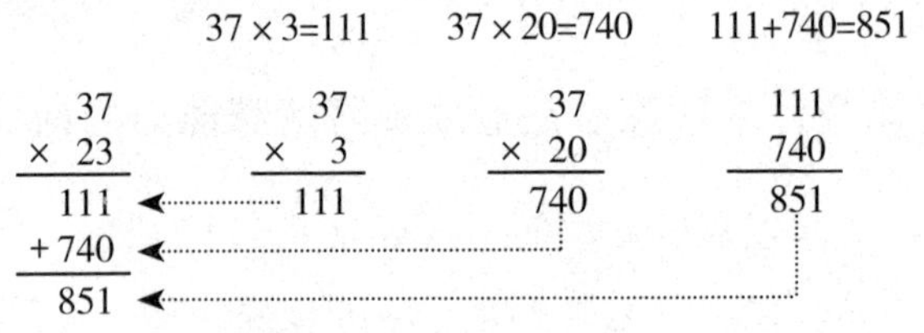

$$37\times3=111 \qquad 37\times20=740 \qquad 111+740=851$$

$$\begin{array}{r} 37 \\ \times\ 23 \\ \hline 111 \\ +\ 740 \\ \hline 851 \end{array} \qquad \begin{array}{r} 37 \\ \times\ 3 \\ \hline 111 \end{array} \qquad \begin{array}{r} 37 \\ \times\ 20 \\ \hline 740 \end{array} \qquad \begin{array}{r} 111 \\ 740 \\ \hline 851 \end{array}$$

图6-5　竖式计算拆解

刚接触"异分母分数加减法"时，学生做题的第一反应便是分母相加减、分子相加减。为什么不能这样做呢？单凭讲道理是解决不了问题的，我们必须让学生动手拆出$\frac{1}{2}$和$\frac{1}{4}$。学生会发现，表示$\frac{1}{2}$的一份和表示$\frac{1}{4}$的一份，大小不同，也就是分数单位不同，加起来没道理。只有把 $\frac{1}{2}$ 先通分变成 $\frac{2}{4}$，每一份才相同（也就是分数单位相同），这样才能将分子，也就是份数相加的道理。

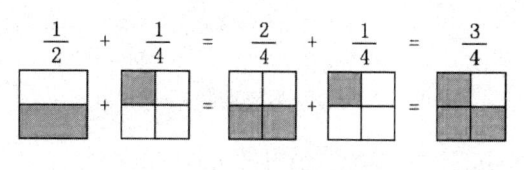

$$\frac{1}{2} + \frac{1}{4} = \frac{2}{4} + \frac{1}{4} = \frac{3}{4}$$

图6-6 分式计算图示

总之，运算算理相对来说比较枯燥抽象，要想激发学生探究的欲望，并且深入理解算理，我们不妨关注以下几个关键词：真实情境，动手操作，几何直观，知识迁移，比较纠错……

三、掌握运算技巧是提高运算能力的关键

1. 关注计算方式的选择

解决生活中的实际问题需要精确计算还是估算，这是学生首先应该想到的问题，即要先选择合理的计算方式。例如，王老师要买190本数学小词典，每本3.80元，他带了800元钱，够吗？应该找回（或再付）多少元？此题有两个问题，该选择什么方法计算解决呢？第一个问题，王老师带800元钱买词典，够吗？只需算出估算结果即可，所以第一问用估算解决，学生可以根据实际情况选择进一法、去尾法或四舍五入法估算。第二个问题，应找回（或再付）多少元？需要精确结果，我们可以根据实际情况，选择口算、笔算或计算器计算等方法解决。也就是说，我们应该先确定计算方式（估算或精算），然后再选择合理的计算方法。以往教材中出现的题目基本都要求精确结果，因此学生也从来不去考虑选择计算方式的问题。近年来青岛版教材越来越重视估算教学，也重视与实际生活的紧密联系，出现了弥补这一缺失的例题。如下题，李老师购买打印机与扫描仪，题目中的四个问题中，前三个估算即可，最后一问必须精确计算。

李老师要买一台打印机和一台扫描仪。

548元　　　374元

（1）购买前思考，带1000元够不够？
（2）购物满800元可抽奖，能否抽奖？
（3）付款时思考，大约需要几百元？
（4）收银员收款，一共需要多少元？

图6-7　购物类应用题举例练习

2. 在解决问题的过程中培养估算能力

日常生活中有很多问题是不需要算出准确结果的，只要大体估计一下便可以解决问题。因此，在解决实际问题时培养估算能力更有实际意义，也更能让学生体会数学与生活的密切联系。请看一个教学实例：

每排22个座位。
一共有18排。
有350名同学能坐下吗？

图6-8　座位分配类应用题练习

面对此实际问题，学生首先判定要用估算解决问题。到底怎样估算更科学呢？我们一起看看学生的几种估算方法。

方法一：将18估成20，$22 \times 18 \approx 22 \times 20 = 440$（名）。估算结果大于准确值，所以不能确定350名同学能否坐得下。

方法二：将22估成20，18估成20，$22 \times 18 \approx 20 \times 20 = 400$（名）。一大，一小，误差抵消一部分，实际结果到底比准确值大了还是小了不好辨别，也不能确定能否坐得下。

方法三：将22估成20，$22 \times 18 \approx 20 \times 18 = 360$（名），当估算结果小于准确值就已经能坐下了，所以一定能坐下。

方法四：22×18＝396≈400（名），先算出准确结果，再取估算结果，这种算法毫无实际意义。

面对方法二，有学生会质疑：将22估成20，18估成20，一个大了2，一个小了2，为什么还会有误差？误差有多大？显然，从情境中来，到离开情境，实际问题的估算与数字算式的估值可以自然衔接并和谐地融合在一个例题的教学之中。

3. 改进"简便运算"教学，提升运算能力

首先，从整体入手把握运算律的本质。教师要引导学生发现乘法分配律是针对两种运算的定律，而乘法结合律、乘法交换律是针对一种运算的定律。这样学生就能从整体上、本质上区分分配律与结合律了。

其次，引导学生改变审题习惯。要先从整体观察算式的特点，确定该运用哪个运算律，然后结合运算律观察数据特点。

最后，引导学生理解运算律。以乘法分配律为例，不仅仅要观察算式发现规律，更要从乘法意义入手，让学生明白乘法分配律成立的道理。比如（25+16）×4=25×4+16×4，等号前面是41个4，等号后面是25个4加16个4也是41个4。

四、良好的运算习惯是提高运算能力的保证

1. 养成认真审题、认真书写的好习惯

小学生的运算习惯直接影响着学生的运算能力。很多时候，他们不是不会计算，而是书写潦草导致看错数、抄错数，步骤不规范、凭空想象导致计算出错，比如：计算$\frac{7}{20} \div 0.5 \times \frac{3}{7}$时，很多学生出现这样的错误：

$$\frac{7}{20} \div 0.5 \times \frac{3}{7} = \frac{7}{20} \times \frac{1}{2} \times \frac{3}{7} = \frac{3}{40}$$

出错的原因是什么呢？就是学生想一步完成小数化分数，除法变乘法，分数变倒数这三个步骤，因为省略步骤、跨度太大，导致学生顾及不过来这三个变化，从而导致出错，这不是学生不会计算，而是步骤不规范导致的"欲速则不达"。因此，教师日常要根据学生的年龄特点、运算能力和思维水平提出运算要求。

2. 养成自觉验算的好习惯

验算是一种非常好的运算习惯，它不仅可以保证学生计算的准确率，同时也可以使其养成认真仔细、求实严谨的学习品质。一般常用的演算方法有：重算法即再算一遍，逆算法即加法用减法验算、除法用乘法验算等，估算法即采用估算的方法核实准确结果是否在合理范围内。教师不仅要让学生掌握验算方法、灵活运用验算方法，更要明确提出验算要求。经过一段时间的坚持和努力，学生会慢慢体会到验算的好处，养成良好的验算习惯，进而提升运算能力。

3. 坚持少而精的运算练习

运算能力的形成不是一蹴而就的，需要长时间不间断的练习。运算练习也要讲究方法，建议老师们在练习内容上要做到"少而精"，在练习时间上要做到"适当间隔"。很多老师喜欢集中火力，重点练习，集中练习之后便长期搁置，这种集中练习不但会让学生产生逆反，态度不认真，之后长时间不练习也不利于学生形成运算技能。我们提倡"少而精"的持续练习，一是题量小，学生不反感，完成起来态度认真；二是减轻教师批改的压力，便于发现并有针对性地总结、反思运算中出现的问题；三是长期坚持每天练一点比集中练习更有成效。例如，三年级某班两位数乘两位数竖式运算练习，坚持一个月每天练三道题，前后对比效果明显：训练前正确率约为30%～40%，一个月后此班正确率为80%～85%，可见运算正确率提高很明显。

培养运算能力的精品课例及点评

《分数乘整数》教学实录与评析

教学过程：

一、复习与导入

1. 复习

师：我们已经学习了分数的加减法，下面咱们就进行一组同分母分数相加的口算竞赛。不读算式，直接抢答答案。

师：（出示口算卡片）$\frac{2}{9}+\frac{2}{9}$。

生：$\frac{4}{9}$。

师：说一说你是怎么算的？

生：分母不变，只把分子相加。

接着，师出示3个、4个、5个$\frac{2}{9}$相加的算式，生依次作答。

师：（向空中抛一串长长的算式）$\frac{2}{9}+\frac{2}{9}+\frac{2}{9}+\frac{2}{9}+\frac{2}{9}+\frac{2}{9}=?$ 这么多的$\frac{2}{9}$加起来，你有什么感觉？

生：（无奈地）太麻烦了！

师：嫌麻烦是吧？那么有没有不麻烦的办法呢？

生：（脱口而出）有，用乘法！

2. 导入

师：面对这么多的同分母分数加法，我们的确可以用乘法来解决，如果这道题改写成乘法算式，还需要知道什么？

生：有多少个$\frac{2}{9}$在相加。

师：非常好，这里有15个$\frac{2}{9}$连加，写成乘法算式是什么呀？（板：$\frac{2}{9}×15$）

师：这是一道什么样的乘法算式？

生：（齐）分数乘整数。

师：今天这节课，我们就一起学习"分数乘整数"。

【设计意图】同分母分数加法是学生学习分数乘整数的知识基础，老师充分借助学生已有知识和经验引出新知识，很鲜明地体现了新旧知识的联系。课上，教师先依次出示几个$\frac{2}{9}$连加的口算题，学生快速口算结果。紧接着，教师一下子向空中抛出了由15个$\frac{2}{9}$连加的一个很长很长的计算卡片。长长的一串算式立刻使学生强烈感受到这样加下去很麻烦,由此引出本节课要研究的内容——分数乘整数。

二、感受、探究

1. 理解意义

师:要计算一道题,首先要了解它的意义。$\frac{2}{9} \times 15$表示什么?

生:15个$\frac{2}{9}$相加。

师:$\frac{3}{7} \times 35$表示什么意义?

生:35个$\frac{3}{7}$相加。

师:简单些,$\frac{1}{5} \times a$就是求什么。

生:$a \times \frac{1}{5}$就是求a个$\frac{1}{5}$相加是多少?

师:再简单些$\frac{(\ )}{(\ )} \times a$就是求什么?

生:$\frac{(\ )}{(\ )} \times a$就是求a个$\frac{(\ )}{(\ )}$相加的和是多少。

师:所以分数乘整数就是求什么?

生:就是求几个几分之几相加的和是多少。

师:是啊,其实分数乘整数的意义和整数乘法的意义相同,就是求几个几分之几相加的和是多少。

【设计意图】分数乘整数的意义是本节课教学的出发点,有了初步的理解后,老师并没有急于转向对算法的研究,借助几个越来越简单的乘法算式引导学生自己总结出分数乘整数的意义。这样安排,既沟通了前后知识之间的联系,培养了学生的抽象概括能力,也为其后续理解算理、掌握算法打下了坚实的基础。

2. 探究算法

（1）初次探究

师：分数乘整数的意义大家已经知道了，那么分数乘整数该怎样计算呢？接下来咱们先从简单的情况开始研究。（板书：$\frac{2}{9} \times 4$）

师：$\frac{2}{9} \times 4$等于多少？该怎样计算呢？请看探究要求：

尝试计算，注意写出计算过程；完成后小组内交流计算方法，看谁讲得又清楚又明白。

全班交流。

师：下面我们邀请两位同学分享他们的想法。

生1：$\frac{2}{9} \times 4 = \frac{2}{9} + \frac{2}{9} + \frac{2}{9} + \frac{2}{9} = \frac{2+2+2+2}{9} = \frac{8}{9}$

师：大家还有什么问题吗？

师（小结）：这位同学紧紧抓住了分数乘整数的意义，把它转化成同分母分数加法来算出结果。真的是很会学习！了不起。

我们再来看看这位同学的做法：

生2：$\frac{2}{9} \times 4 = \frac{2}{9} + \frac{2}{9} + \frac{2}{9} + \frac{2}{9} = \frac{2+2+2+2}{9} = \frac{2 \times 4}{9} = \frac{8}{9}$

师（小结）：这位同学也是先把分数乘整数转化成同分母分数相加，在计算的过程中再次运用转化使计算简便，用乘法算出结果。

师：那这两位同学的做法区别在哪儿？

生：一个是2+2+2+2，一个是2×4。

师：是啊，差别就在分子的表示方法上，这道题目不论直接相加还是用乘法都能很快算出8，但大家想，如果是50个2、100个2的话，哪种方法更有优势？

生：乘法。

师（小结）：我们再来回顾一下这种做法。（出示课件）

$$\frac{2}{9} \times 4 = \frac{2}{9}+\frac{2}{9}+\frac{2}{9}+\frac{2}{9} = \frac{2+2+2+2}{9} = \frac{2\times 4}{9} = \frac{8}{9}$$

$$\frac{1}{2} \times 5 = \frac{1}{2}+\frac{1}{2}+\frac{1}{2}+\frac{1}{2}+\frac{1}{2} = \frac{1+1+1+1+1}{2} = \frac{1\times 5}{2} = \frac{5}{2}$$

$$\frac{3}{7} \times 3 = \frac{3}{7}+\frac{3}{7}+\frac{3}{7} = \frac{3+3+3}{7} = \frac{3\times 3}{7} = \frac{9}{7}$$

分子与整数相乘　　分母……　　　　　分子……

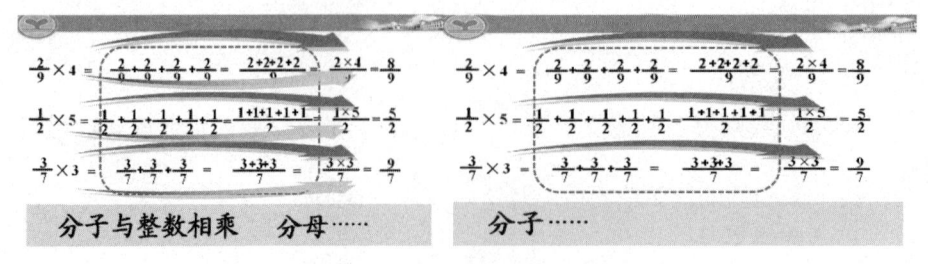

图6-9　分子与整数相乘课件

师：其中转化成加法的过程是帮助我们理解的，可以省略。仔细观察，这些算式的分子发生什么变化了？分母呢？谁来说一说怎样计算分数乘整数？

生：用分数的分子与整数相乘作为积的分子，分母不变。

师小结：分数乘整数，用分子与整数相乘的积作分子，分母不变。

师：同学们有没有什么问题想问的？

生：为什么分子和整数相乘，分母不变呢？

师：这个问题提得非常有价值，谁能结合计算过程说一说其中的道理？

学生们面面相觑。

师：咱们一起合作，把分数乘整数的计算方法记录下来。

【设计意图】任何新知都是在旧知的基础上发展而来的，所以教师要充分挖掘前后知识之间的内在联系，以学生已有的知识经验为基础设计教学过程。本节课，在研究算法的过程中，教师没有急于教给学生怎样算，而是充分考虑学生已有的认知水平和经验，给学生提供了充分的自主探索的空间。当学生有了自己的想法后，教师让学生展示多种算法，分析其中的道理和优越性，充分运用转化的数学思想方法解决问题，在观察、分析、比较中明白算理，归纳法则，使学生的学习真正达到了"知其然，更知其所以然"。

（2）二次探究

师：看来大家已经掌握了分数乘整数的计算方法，老师再出一道复杂一点儿的题目，你们敢挑战吗？$\frac{13}{49} \times 21$，这次咱们比一比谁做得又对又快?

学生们交流。

师：刚才做题的过程中，我发现有的同学做得非常快，有的同学稍微慢一点，做得快的有什么秘密呢？我们一起来看看吧！

学生交流两种做法：

方法一：$\dfrac{13}{49} \times 21 = \dfrac{13 \times 21}{49} = \dfrac{273}{49} = \dfrac{39}{7}$

方法二：$\dfrac{13}{49} \times 21 = \dfrac{13}{\underset{7}{49}} \times \overset{3}{21} = \dfrac{39}{7}$

图6-11 分数与整数相乘分步计算

师：两种方法有所不同，但是也有一个共同点，同学们发现了吗？

生：约分。

师：不同点在哪里？

生：约分的位置不相同。

师：一个是"先乘后约"，一个是"先约后乘"。那么，是"先约后乘"好还是"先乘后约"好？为什么？

生：先约后乘更简便，可以使数变小，计算起来更简便。

师：观察得很仔细，分析得也很透彻。是啊，先约分能让数变小，乘起来特别简单。看来今后咱们还是要先约后乘。

师：让我们快把这种好方法记录下来。老师再给大家介绍一种写法……

【设计意图】对于算法中的又一难点——约分问题，老师同样遵循"实践第一"的原则，引导学生在试算的基础上通过比较加以概括。在学生对一组题进行对比分析后，学生懂得：第一，能约分的要"先约后乘"，这样可使计算简便；第二，约分时分子和分母同时约分。这样在实践中感悟出来的方法理解最深刻。

三、巩固练习

1. 大显身手

$$\frac{3}{14} \times 35 = \qquad 5 \times \frac{19}{20} =$$

$$\frac{7}{30} \times 2 = \qquad \frac{2}{13} \times 25 =$$

图6-10 分数与整数相乘练习

师：当约分完，分母为1时，我们一般写成整数的形式。

2. 火眼金睛辨对错

（1）$\frac{1}{5} \times 7 = \frac{1}{35}$

（2）$\frac{1}{4} \times 9 = \frac{\overset{1}{9}}{\underset{4}{36}} = \frac{1}{4}$

（3）$4 \times \frac{12}{23} = \overset{1}{4} \times \frac{\overset{3}{12}}{23} = \frac{3}{23}$

图6-11 分数与整数相乘判断

师：结合这个判断题说一说，计算分数乘整数时应注意什么问题？

四、智慧大回放，总结收获

师：同学们，说一说这节课你们有什么收获？

让我们一起来看一看智慧大回放。

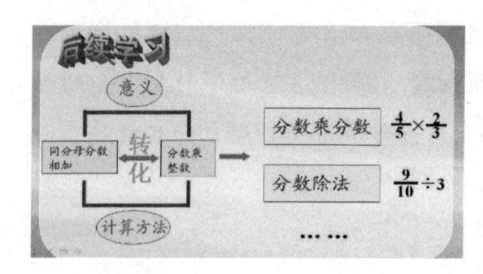

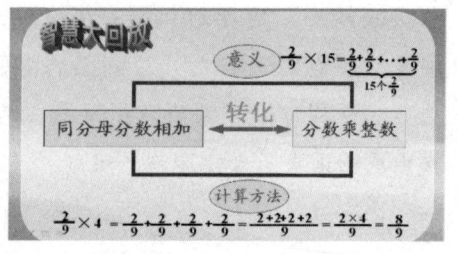

图6-12 分数乘整数课件

同学们，数学知识之间存在着密切的联系，希望大家找到这些联系，并且用转化的方法沟通联系，学习更多的新知识。

【设计意图】为帮助学生真正构建知识结构、发展学好数学的本领，教师的总结没有停留在知识收获的层面上，而是抓住了本节课思考、理解与转化的基本取向，引导学生回顾反思学习的全过程，再次深刻感悟如何借助旧知识学习新知识，并且教给学生用联系的眼光看问题，构建整体认识。

【总评】

本节课，教师从学生已有的知识经验入手，深入挖掘新旧知识之间的联系，借助转化的思想方法，在合作交流中明算理、知算法。在充分自主的空间里，学生思维绽放，个性张扬，课堂因此丰满有活力。

首先，关注算理的理解。理解分数乘整数的意义是掌握分数乘整数算理的前提和关键，因此上课伊始教师由易到难，由具体到抽象，循序渐进地帮助学生理解分数乘整数的意义。在此基础上，从分式乘法入手，让学生结合意义，自助探究，全班交流，运用转化的思想将分数乘法转化成分数加法，计算出结果并理解算理。

其次，注重算法的掌握。面对分子"2+2+2+2"和"2×4"，教师引导学生发现两种方法在分子的处理上的不同，不论直接相加还是用乘法都能很快算出得数，那如果是50个2、100个2的话，哪种方法更有优势？学生立刻发现乘法的科学性和简洁性。然后又通过几个分数乘整数的例子，让学生观察分子和分母，进而归纳出分数乘整数的计算方法。最后又通过$\frac{13}{49}$×21的竞赛活动，让学生感悟到"先约后乘"的简洁。一系列活动都围绕"算法"做文章，在明算理的基础上掌握算法。

最后，突出了"转化"的数学思想方法。本节课教师引导学生充分利用分数乘整数的意义，实现第一次转化，即把分数乘整数转化成同分母分数相加，利用旧知识探究新问题。然后，在计算的过程中又将相同数相加转化成乘法，让学生找到分数乘整数的计算法则。两次转化，均在明算理和知算法上发挥了重要作用。

培养运算能力的实践应用案例1

《混合运算》巩固性作业

作业内容：

（1）普适性作业

脱式计算：

278–54+391　　　212+（690–209）　　　800–（164+571）

（2）灵动性作业

在○里填上+、–、×、÷或使用（），使等式成立：

260 ○ 867 ○ 322 = 805

77 ○ 63 ○ 7 = 68

（3）自主选择作业

育才小学一、二、三年级举行演讲比赛，一年级有192人参加，二年级有187人参加，三年级有205人参加。学校准备了一个有600个座位的礼堂够不够用？

东东有一大一小两个存钱罐，大存钱罐里存了108元钱，如果从大存钱罐里拿出20元钱放入小存钱罐里，那么大存钱罐里的钱就和小存钱罐里的钱相等。小存钱罐里存了多少钱？

作业设计说明：

1. 作业设计意图：通过本次巩固性作业，加深学生对"混合运算"知识的理解和运用，深化对策略和方法的体验和感悟，可以让学生形成良好的情感态度与价值观，落实教学目标，促进全面发展。

"普适性作业"，紧紧围绕"混合运算"的运算顺序进行练习，达到温习的目的；"灵动性作业"通过变式练习，引领学生灵活运用知识解决问题，提高计算能力；"自主选择作业"中的两道题供不同学习层次的学生选择，提高学生解决实际问题的能力。

2. 学生操作方法：学生在学习了"混合运算"之后，能综合应用已有的知识和能力完成本次作业。

3. 作业评价标准：

（1）关注学生完成本次作业的正确率，明确学生对"混合运算"这部分知识的掌握情况。既关注结果又关注学生作业的过程，力求引发学生对结果的确认和过程的反思。

（2）关注学生在作业过程中表现出来的思维方式。

（3）关注学生在作业过程中表现出来的情感与态度，及时给予激励性评价，力求使学生获得全面发展，达到数学育人之目的。

培养运算能力的实践应用案例2

"除数是小数的小数除法"预习性作业

作业内容：

1. 在括号内填上合适的数

0.38÷0.5=（　　）÷5

0.2÷0.25=2÷（　　）=（　　）÷（　　）

8÷0.16=80÷（　　）=（　　）÷16

4.2÷0.28=（　　）÷2.8=（　　）÷（　　）

2. 试一试看，你会解答吗？说一说你为什么这样计算？

鸵鸟的身高是2.5米，鸸鹋（érmiáo）的身高是1.6米，鸵鸟的身高是鸸鹋的多少倍？

作业设计说明：

1. 作业设计意图：本次预习性作业，使学生借助于已有的知识经验先进行自主尝试，培养学生的探究能力和自学能力，力求节约课内时间，使课内交流更有针对性、实效性，提高课堂教学效率。

2. 作业操作方法：学生在学习"除数是小数的小数除法"的第一天晚上，完成本次预习性作业，第二天将作业带进课堂进行交流。

3. 作业评价标准：

（1）关注学生商不变的性质的掌握情况。

（2）关注学生解决问题过程中表现出来的不同的思维方法。

（3）关注学生完成作业的态度。

培养运算能力的实践应用案例3

"异分母分数加减法"预习性作业

作业内容：

$\frac{2}{4}-\frac{2}{5}=$	$\frac{2}{5}-\frac{1}{4}=$	$\frac{1}{7}+\frac{2}{5}=$	$\frac{2}{4}-\frac{1}{2}=$
$\frac{2}{3}-\frac{1}{2}=$	$\frac{1}{5}+\frac{1}{12}=$	$\frac{5}{6}-\frac{1}{3}=$	$\frac{6}{13}-\frac{1}{3}=$
$\frac{1}{16}+\frac{2}{9}=$	$\frac{2}{9}+\frac{12}{13}=$	$\frac{5}{8}-\frac{11}{19}=$	$\frac{7}{14}+\frac{1}{8}=$
$\frac{8}{12}+\frac{5}{9}=$	$\frac{2}{3}-\frac{3}{7}=$	$\frac{12}{14}+\frac{2}{8}=$	$\frac{4}{5}-\frac{2}{5}=$
$\frac{5}{7}-\frac{12}{19}=$	$\frac{2}{4}-\frac{2}{8}=$	$\frac{3}{4}-\frac{6}{9}=$	$\frac{5}{6}+\frac{1}{17}=$
$\frac{7}{8}-\frac{4}{9}=$	$\frac{12}{16}+\frac{3}{7}=$	$\frac{4}{14}+\frac{6}{8}=$	$\frac{5}{14}+\frac{5}{7}=$
$\frac{3}{7}-\frac{1}{6}=$	$\frac{1}{7}+\frac{1}{2}=$	$\frac{13}{19}+\frac{3}{5}=$	$\frac{1}{2}+\frac{2}{10}=$
$\frac{7}{10}+\frac{2}{3}=$	$\frac{5}{9}-\frac{2}{6}=$	$\frac{8}{11}+\frac{1}{4}=$	$\frac{3}{9}-\frac{1}{12}=$
$\frac{4}{8}+\frac{3}{4}=$	$\frac{3}{4}-\frac{6}{11}=$	$\frac{3}{4}-\frac{1}{9}=$	$\frac{5}{8}-\frac{5}{13}=$

作业设计说明：

1. 作业设计意图：我们的教学不能总是零起点，要把教材当作架设新旧知识之间的桥梁，给学生探索新知的机会，让他们在对新知构想的过程中，产生自主探究的愿望。因此，在本节课的教学之前，笔者提前设计了预习作业，意在调动学生学习的积极性，从而将课堂交给学生，让学生充分展示、交流自己的预习成果，在交流中突破重难点，从而培养学生良好的学习习惯。

2. 作业操作方法：学习新知识的前一天晚上，让学生完成此项预习作业。先独立完成，自主探究异分母分数加减法，在完成的过程中要记录下自己的思考和遇到的困难，要尝试说一说自己的计算过程。最后可以结合问题预习课本中的内容，尝试通过自主学习解决困难。

3. 作业评价标准：关注学生预习作业完成情况，关注学生完成作业过程中标注的思考过程和疑难问题，关注学生完成作业的态度，结合三者给予综合评价。针对不同层次的学生制订不同的评价标准，善于发现学生作业中展现的点滴进步并给予有针对性的鼓励和评价，保护学生的积极性，树立学习数学的自信心。

核心词之七——推理能力

何为"推理能力"

《义务教育数学课程标准（2011年版）》中是这样阐述的："推理能力的发展应贯穿于整个数学学习过程中。推理是数学的基本思维方式，也是人们学习和生活中经常使用的思维方式。推理一般包括合情推理和演绎推理，合情推理是从已有的事实出发，凭借经验和直觉，通过归纳和类比等推断某些结果；演绎推理是从已有的事实（包括定义、公理、定理等）和确定的规则（包括运算的定义、法则、顺序等）出发，按照逻辑推理的法则证明和计算。"[1]

推理的分类如下图：

```
         ┌ 演绎推理
推理 ┤
         │              ┌ 完全归纳推理
         │   ┌ 归纳推理 ┤
         └ 合情推理 ┤   └ 不完全归纳推理
                     └ 类比推理
```

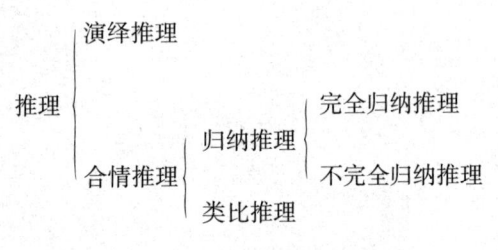

图7-1　推理的分类流程

推理分为演绎推理和合情推理。探索思路、发现结论时通常用合情推理，证明结论时通常用演绎推理。因为合情推理更适合小学生的年龄特点和思维水平，因此在小学阶段合情推理运用得更多一些。

---

[1] 摘自《义务教育数学课程标准（2011年版）》第6页。

合情推理包括归纳推理和类比推理。其中从特殊到一般，从个别性知识推出一般性结论的推理是归纳推理。类比推理是由特殊到特殊，即根据不同对象在某些方面相同或相似的属性，通过比较推断出在其他方面也具有某些相同的属性。

例如：（12+4）×5=12×5+4×5

（25+6）×8=25×8+6×8

（25+24）×4=25×4+24×4

（100+26）×5=100×5+26×5

……

从以上算式中可以发现规律：（a+b）×c=a×c+b×c。这一推理过程只是列举了部分特殊的例子，像这样根据部分对象推出结论的推理，属于不完全归纳推理。

再如：因为直角三角形内角和是180°，锐角三角形内角和是180°，钝角三角形内角和是180°，所以平面内一切三角形内角和都是180°。像这种考察了某一事物所有对象的推理，就属于完全归纳推理。

演绎推理是必然性推理，即只要推理前提真，得到的结论一定真。

例如：三角形任意两边之和大于第三边。（大前提）

5厘米、6厘米、8厘米这三根小棒，任意两根小棒长度之和都大于第三根小棒的长度。（小前提）

所以，这三根小棒一定能围成三角形。（结论）

怎样培养、发展小学生的推理能力

无论在学习还是日常生活中，推理无处不在，推理是数学的基本思维方式和重要的核心素养。在小学阶段，教师结合教学内容创设情境，提出问题，经历猜想、验证、结论这一探究问题的全过程，让学生在缜密推理的过程中养成言必有据的思维习惯，学会有理有据地分析问题，能够为学生数学综合素养的提升奠定基础。

推理能力的培养应贯穿于数与代数、图形与几何、统计与概率、综合与实践,以及学生熟悉的生活情境等所有领域之中。

一、在"数与代数"的教学中强化推理意识,培养思维能力

"数与代数"领域中,每一个知识点都承载着培养学生推理能力的任务,教师要充分挖掘知识点中蕴含的推理因素,通过科学的设计给学生创设培养推理能力的空间。

例如,一年级教师让学生比较石榴、梨和茄子谁最重谁最轻时就用到了推理。学生通过第一幅图发现石榴比梨重,通过第二幅图发现梨比茄子重,因此就推理出石榴>梨>茄子。在这个过程中学生借助比较中介梨,通过两次比较完成最后的推理:石榴最重,茄子最轻。

图7-2 比较石榴质量

在此基础上可以加大难度,设计一些灵活多变、贴近学生生活实际的练习题目。例如,如何推理出一个香蕉的质量呢?

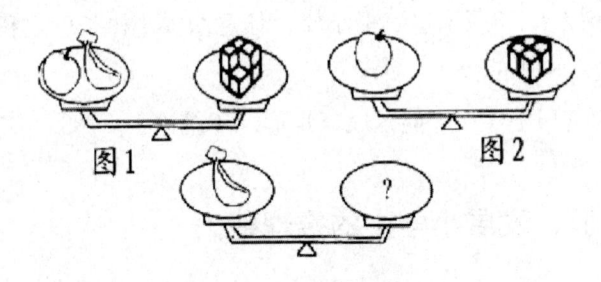

图7-3 比较香蕉质量

学生根据上图知道:苹果+香蕉=7个正方体,苹果=4个正方体,根据前两幅图推理:香蕉=7-4=3个正方体。此题不仅考察学生的推理能力,还涉及空间想象力方面的内容,学生必须通过想象才能有效解决问题。

再如下图,本节课主要是学习速度的概念及其数量关系。如果从培养推理能力的角度设计教学,会发现它绝对是培养学生推理能力的好素材。

图7-4　象、牛、熊跑步比赛情境

教学时，首先让学生看情境图，找信息提问题，学生会提出5个比较快慢的问题，分别是：

两者相比：象和牛谁跑得快？象和熊谁跑得快？熊和牛谁跑得快？

三者相比：象、牛、熊，谁跑得最快？谁跑得最慢？

教师可以引导学生进行以下推理，然后让大家先独立思考，再进行交流：

（1）在相同时间内（8分钟），象（544米）比熊（432米）跑的距离长，所以象比熊快。

（2）跑同样的路程（432米），牛（6分钟）用的时间比熊（8分钟）少，所以牛比熊快。

（3）象和牛既不同路程，也不同时间，可以计算每分钟跑的路程。牛432÷6=72（米/分），象544÷8=68（米/分），所以牛比象快。

（4）根据（1）（2）可以推理出熊最慢。

（5）根据（2）（3）可以推理出牛最快。

至此，五个问题都有了答案。教师的板书如下：

```
直接比较：①象>熊
          ②牛>熊    熊最慢
计算比较：③牛>象    牛最快
```

图7-5　象、牛、熊跑步比赛板书设计

学生又发现了与众不同的比较方法：

（6）根据（3）（1），学生可以推理得到牛>象>熊。

以上教学过程，围绕谁跑得快，进行了一系列用语言表达的推理活动。当教师指出：计算速度就是把"时间不同"转化为"时间相同"时，个别学生受此启发，又想到一种比较方法，推理的高潮再一次出现。

象8分跑544米→2分跑138米，

牛6分跑432米→2分跑144米，

所以小牛比小象快。

同样的学习内容，因为老师的理念不同，展现出来的课堂也是不同的，本节课就充分挖掘了推理元素，很好地培养了学生的推理能力。其实，数与代数领域中的每一个知识点，多多少少都蕴含着推理，关键看老师是否有培养学生推理能力的意识，是否能用推理的眼光去挖掘教材，设计课堂。

二、在"空间与图形"的教学中强化推理意识，培养思维能力

小学生的思维以具体形象为主要特点，他们喜欢借助直观呈现、直接观察、具体操作等活动形成的直观感性经验来分析和理解问题。尤其在空间与图形领域更应当充分利用直观，通过直观手段启迪学生推理。

例如，探究三角形的内角和时，我们可以设计如下教学：

环节一：借助长方形的内角和，推理直角三角形的内角和。

教师出示长方形、三角形，分别介绍内角和的概念。然后让学生思考长方形的内角和是多少？（360°）之后将长方形分成如下图所示两个直角三角形，让学生思考其中一个直角三角形的内角和是多少？

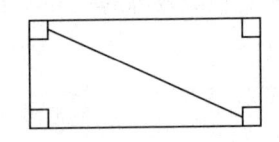

图7-6　长方形拆分为两个三角形

学生利用以前学过的知识得出：直角三角形的内角和=长方形的内角和÷2=360°÷2=180°。

环节二：借助直角三角形的内角和，推理锐角三角形和钝角三角形的内角和。

课件出示锐角三角形，它的内角和是多少呢？引导学生想办法借助直角三角形的内角和进行推理。

小组合作解决问题。

学生展示推理过程：将锐角三角形分成两个直角三角形，其中一个直角三角形的内角和是180°，两个直角三角形的内角和就是360°，而锐角三角形的内角不包括下面两个直角，所以锐角三角形的内角和=360°－180°=180°。

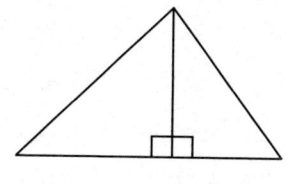

图7-7 三角形内角和

同理，推理钝角三角形的内角和。

环节三：适时总结，归纳推理。

教师引导学生再次进行归纳推理：三角形包括锐角三角形、直角三角形和钝角三角形三种类型，而它们的内角和都是180°，所以我们可以归纳推理出最后的结论：三角形的内角和是180°。

以上两个教学环节，环环相扣，逻辑严密，先借助旧知识长方形的内角和推理出直角三角形的内角和，再借助直角三角形的内角和推理出锐角和钝角三角形的内角和。学生的思维严谨性和推理能力得以提升，三角形内角和的模型也得以构建。

三、在"统计与概率"的教学中强化推理意识，培养思维能力

在探究事件发生的可能性大小的过程中，需要推理；在理解各种统计量意义时，需要推理；在依据各种统计信息进行判断与预测时，也需要推理……

比如，学习一种新的统计量"平均数"的意义时，学生也经历了推理的过程。

如下表信息，如果选一位运动员上场比赛，你认为选几号合适？为什么？

表7-1　7号、8号运动员在小组赛中得分情况统计表

	第1场	第2场	第3场	第4场	第5场
7号	9	——	11	13	——
8号	7	13	——	12	8

环节一：探究用哪个数代表运动员的整体水平比较合理。

生1：7号总得分是33分，8号总得分是40分，选8号上场比较合理。

生2：因为他们参加的场次不同，所以比总分不公平。

师：既然比总分不公平，那么用哪个数表示他们各自的整体水平合理呢？咱们以7号运动员为例，如果用最高分13分代表7号的整体水平，可以吗？

生：用13分代表7号的水平不合理，因为13是最高一场的得分，其他两场得分都比13低，如果用13就抬高了7号的投篮水平。

师：那用9分代表他的整体水平，行吗？

生：也不行，因为这样就低估了7号的投篮水平。

师：那就用11来代表7号的整体水平？

生：用11代表比9和13都要合理，但是也未必准确。

师：到底用哪个数代表7号的整体水平更合理呢？

生：我们可以把几场的得分匀一匀，让每场得分一样多。

以上环节，究竟用哪个数代表7号运动员的整体投篮水平比较合理？在教师的引导下，学生结合数据和实际情况进行了一次次推理，充分感知用其中的任何数代表整体水平都不合理，必须再找到一个新数——平均数，才可以表达。

环节二：移多补少，体会平均数的意义。

生：我们把第4场的得分拿出来2分补到第1场，这样每场得分就一样多了。

师：把最多的拿出一些给最少的，匀一匀，让每场一样多都是"11"，所以用"11"代表7号运动员的整体水平，既没高估也没低估，很合理。

核心词之七——推理能力

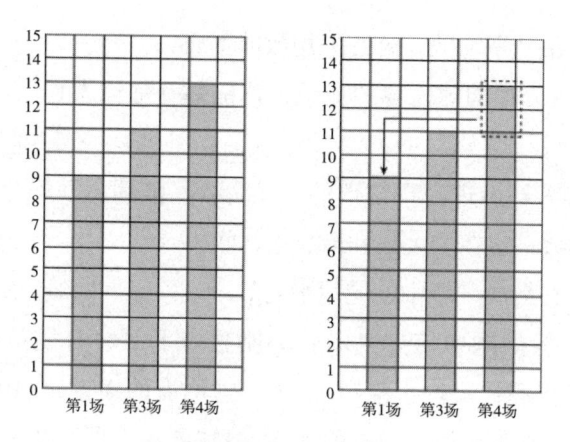

图7-8 投篮统计图

师：这个"11"是第一场的得分吗？是第四场的得分吗？

生：都不是。

师：那它是不是第三场得的"11"分呢？

生：虽然得出的新数和第三场的得分相同，但它并不是第三场的得分，而是匀一匀以后得到的一个新数。

师：是啊，这个11并不是哪一场的得分，而是将所有数"匀一匀"之后，使每个数变得同样多的数。我们通常把它叫这几个数的"平均数"，用它代表一组数据的整体水平最合理。

通过以上环节，"这个11到底是哪一场的得分呢？"引发学生推理：它不是任何一场的具体得分，而是匀一匀之后产生的、一个虚拟的新数——平均数。

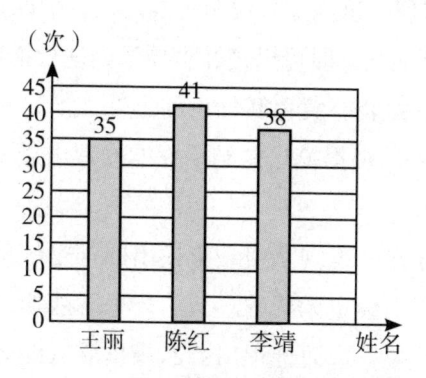

图7-9 1分钟拍球比赛成绩统计图

环节三：估计平均数，感受平均数的本质。

出示三人1分钟拍球比赛的成绩，你能估一估三人1分钟拍球的平均成绩大约是多少吗？

学生在移多补少理解平均数的意义之后，推理出平均分一定大于35小于41，即平均数一定在最大数和最小数之间。

环节四：在解决问题中，应用平均数。

如下图，根据题中信息判断：小刚独自下河会有危险吗？学生结合平均数的意义推理：平均水深110厘米，说明有的地方比110厘米深，甚至可能会比140厘米还要深；而有的地方比110要浅，所以小刚独自下水有危险。

图7-10 平均数应用题

以上理解平均数意义的过程，从选择数，到创造数，到估计数，再到分析数，都用到了推理，这就充分说明了推理在数学课堂中无处不在。

再如，学习《可能性》时可以这样引导学生进行推理。

有3个袋子，里面装有黄色和红色的彩球，如果从袋子里任意摸球，会是什么颜色的球呢？根据摸出的结果你能推理出袋子里装的是什么颜色的球吗？

学生按照要求操作，发现从甲袋里摸出的都是红球，进而推理出：甲袋里面全是红球，这是确定无疑的。从乙袋里既能摸出红球，也能摸出黄球，而且数量相差不大，进而推理出：乙袋里既有红球又有黄球，所以每次摸到哪种球就不确定了。从丙袋里既能摸出红球，也能摸出黄球，而且全班汇总起来红球摸出的次数明显高于黄球，进而推理出：丙袋里既有红球又有黄球，但是一定是红球多、黄球少。

四、在"实践与综合应用"的教学中强化推理意识，培养思维能力

"实践与综合应用"领域的内容具有实践性、探索性和研究性，我们要善于挖掘这些素材，培养学生归纳推理能力。其中，"烙饼问题"是培养学生推理能力的好载体。

妈妈今天要烙大饼，已知烙饼时锅里一次最多能放2张饼，烙熟一面需要3分钟。你能算出烙熟1张、2张、3张、4张……各需要多少分钟吗？

教师引导学生探究：

师：烙熟1张饼需要多长时间？

生：3+3=6（分钟），即烙熟正面需要3分钟，烙熟反面需要3分钟，烙熟一张饼共需要6分钟。

师：烙熟2张饼需要多长时间？

生：3+3=6（分钟），即两张饼同时放入锅中，烙熟一面需要3分钟，烙熟另一面也需要3分钟，一共需要6分钟。

师：为什么烙熟1张、2张都用6分钟呢？

生：烙1张饼时锅里的空间有剩余，烙2张饼时能最大化地利用锅里的空间，虽然张数不同，但用的时间却相同。

师：看来只要最大化地利用锅里的空间就能节省时间。利用这个策略思考烙熟3张饼需要多长时间？

生：3+3+3=9（分钟），具体烙饼过程如下表：

表7-2　烙饼过程

次数	饼1	饼2	饼3
第一次	正	正	
第二次		反	正
第三次	反		反

师：非常好，每一次都能最大化地利用锅里的空间。

师：那烙熟4、5、6……张饼各需要多长时间？

学生推理：

4张=2张+2张=6分钟+6分钟=12（分钟）

5张=2张+3张=6分钟+9分钟=15（分钟）

6张=3张+3张=9分钟+9分钟=18（分钟）

或6张=2张+2张+2张=6分钟+6分钟+6分钟=18（分钟）

7张=2张+2张+3张=6分钟+6分钟+9分钟=21（分钟）

表7-3　烙饼过程细分

饼数	烙饼方法	最少所需的时间（分）
2	同时烙两张饼	6
3	快速烙饼法	9
4	两张两张地烙	12
5	先烙两张，后三张用快速烙饼法	15
6	两张两张地烙（或三张三张地烙）	18
7		21
8		24
9		27
10		30

……

师：为什么不能7张=1张+3张+3张呢？

生：这样一来，单烙一张饼时，就浪费了锅里的空间，整体时间就会变长。

师：同学们真会学习，充分利用锅里的空间，把烙熟4张、5张、6张、7张……饼的时间分别转化成烙熟2张饼和3张饼的时间，轻松地解决了问题。

以上环节学生根据烙2张和3张饼的时间，推理出烙若干张饼的时间，然后发现规律，即烙饼时间=张数×烙一面的时间。在这个过程中，学生的思维清晰严谨，推理缜密有条理，不仅掌握了知识技能，更锻炼了思维的严密性，提高了推理能力。

再如《荡秋千》一课，师生共同研究：在相同时间内，次数与绳长的关系。

师：想一想要想研究次数与绳长的关系，我们都需要准备什么？

生：不同长度的绳子。

师：对呀，要想研究次数与绳长的关系，就必须有长度不同的绳子，它们分别是15厘米、25厘米、40厘米。

师：砝码质量有什么要求呢？

生：相同质量的砝码。

师：好，老师就给你同样的50克的砝码。为什么时间相同、砝码质量也相同，而唯独绳长不同呢？

生：我们必须保证其他条件是相同的，而只有绳子长度不同，才能研究出次数与绳长的关系。

教师先示范实验作法，然后学生小组合作实验，并完成记录单。

表7-4　试验记录单

研究目标	研究荡的次数与绳长的关系		
时间	10秒		
绳长	15厘米	25厘米	40厘米
质量	50克	50克	50克
次数			
结论			

学生交流实验结果并得出结论：在相同时间内，次数与绳长有关，绳越长，次数越少；相反，绳越短次数就越多。

以上环节，无论是准备实验用品，还是根据实验结果得出结论，都需要学生在认真思考分析的基础上，做出判断，这也是推理能力培养的一种表现。为了加强学生的推理能力，教师必须不断增强自身的数学素养，不断提高理解、把握学生思维及其语言的能力。只有这样，才能深入浅出地揭示教学内容所蕴含的推理因素，才能敏锐地捕捉到学生推理的亮点，纠正偏误，进而步入培养学生推理能力的新境界。

培养推理能力的精品课例及点评1

预测大师——《猜颜色》教学设计

一、教学设计思路

本节课以两个游戏贯穿始终。通过复习"可能性""有序组合""简单推理"三个数学知识点，自然而然地导入，为本节课合情推理，巧妙预测做好铺垫。首先，利用"课件"和"微视频"的动态展示，让学生了解器具的组成、功能和规则。然后引导学生，深入了解游戏，找到困惑，聚焦本节课的研究问题：如何推理？接着聚焦"猜对1个"和"猜对2个"两个问题，引导学生融合数学上的知识点，经历"假设、尝试、排除、结论"这一完整的推理过程，自主感悟推理方法，提高推理能力。最后，通过回顾整理，在学生头脑中建构起本节课的知识方法框架图。

（一）益智器具分析

预测大师是一款巧推类益智器具，主要训练学生的推理能力。器具是由棋子、棋盘和棋盒三部分组成的，适合两个人合作进行。它既可以预测颜色，也可以预测位置，还可以预测颜色+位置。预测时，学生会在"假设、尝试、排除、结论"这一完整的推理过程中自主地感悟推理方法，提高推理能力。

（二）学情分析

通过对前面测试结果分析，我们发现：五年级学生对益智器具充满了兴趣，约80%的学生能理解并掌握可能性和有序组合的数学知识，约70%的学生能熟练进行简单推理，但是对于思维含量高、稍复杂一点的推理只有15%的学生能自主完成。基于以上学情，笔者认为绝大多数学生能理解并掌握预测大师猜颜色中"猜对1个"的推理方法。但对于"猜对2个"中部分有难度的推理，部分学生很难理解。

（三）教学资源分析

实物投影仪：借助实物投影可随意调换且便捷的优势，师生共同预测推理。

电子白板课件：借助课件直观演示，可标注、可擦除的优势，激发学生兴趣，引导学生推理。

预测大师益智器具：将益智器具进行改进，拿出黑色器具，并将其他6种颜色用格子分开。此器具两人一套。

二、教学目标

1. 通过玩游戏，让学生了解"预测大师"，会玩"预测大师"。
2. 让学生经历"假设、尝试、排除、结论"这一完整的推理过程，感受数学知识与益智器具之间的联系，自主感悟推理方法，提高推理能力。
3. 在小组合作探究的过程中培养学生的质疑精神与合作能力。

三、教学要点

教学重点：经历"假设、尝试、排除、结论"这一推理过程，掌握"5猜3"的推理方法。

教学难点：会根据某一个提示使思维发散并推理出若干个结论，掌握"猜对2个"的推理方法。

四、教学流程

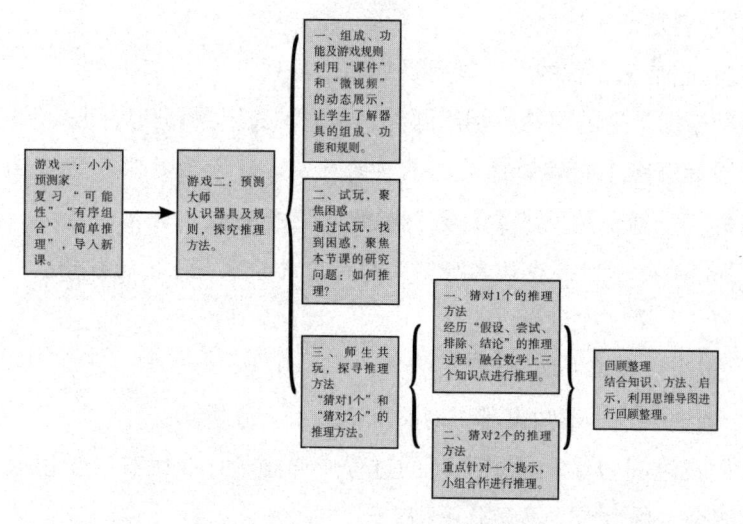

图7-11 可能性教学流程图

五、教学过程

环节一：课前游戏，小小预测家。

教师出示三种游戏。

师：这三种游戏猜一猜我最喜欢哪种？（板书：可能性）

生：三种都有可能。

师：如果我喜欢其中的两种游戏，可能是哪两种呢？

根据学生的回答，复习"有序组合"的知识。

生：可能是1、2，可能是1、3，也可能是2、3，只有这三种组合。

师：现在我们增加游戏种类，看看有没有其他的组合形式。

【设计意图】"可能性""有序组合""简单推理"是本节课用到的最重要的知识点。通过第一个预测游戏，引导学生复习以往课上学到的这三个知识点，不仅为本节课巧妙预测做好铺垫，而且也充分体现了学科之间的融合性。学生利用数学课上所学知识玩游戏，兴趣高涨，思维活跃。

环节二：认识器具，了解规则。

教师出示板书"预测大师"。

师：看到这个名字，你最想知道什么？

根据回答，利用课件、微视频介绍器具和规则。

生1：它是预测什么的？

生2：它是怎么玩的？（观看课件和微视频）

教师根据学生的回答，利用课件、微视频介绍器具和规则。

【设计意图】利用课件动态直观的展示，让学生对器具的组成和功能清清楚楚、一目了然。"微视频"的设计更是创设了真实的情境，使学生迅速掌握游戏规则。学生认真观察，积极思考，激发了玩的欲望。

环节三：第一次试玩。

1. 组织学生第一次试玩。

2. 梳理困惑：不知道哪个对哪个错，不会分析。

在同桌之间合作玩、思考玩的过程中遇到了什么困难？学生谈困惑：不知道哪个对哪个错，不会分析。

【设计意图】通过试玩，深入了解游戏，找到困惑，聚焦本节课的研究问题：如何推理？

环节四：师生共玩，探寻推理方法。

1. 准备三种颜色的球，探寻猜对的三种可能性。

（1）师藏好三种颜色，引导学生猜测并思考可能猜对几个？

（2）引导学生重点分析：为什么不可能一个也猜不对？

预设：学生可能猜对1个，可能猜对2个，可能猜对3个，还可能一个也猜不对。

【设计意图】结合学生的猜测，推理猜对的可能性，架构起本节课预测的整体框架：猜对1个、猜对2个、猜对3个。"为什么不可能一个也猜不对？"学生进行推理的同时，架构起本节课预测的整体思维框架。

2. 探寻"猜对1个"的推理方法。

师：只猜对了1个，接下来，你想怎么猜？这四种想法，哪种不合理，为什么？

生：第四种不合理，因为只猜对了1个，她保留了2个。

师：其他三种想法，为什么都把剩下的2种颜色选上了？

生：3个只对了1个，说明剩下2个一定是对的，所以选上。

【设计意图】此环节抓住几个关键推理点，利用数学上的知识点，让学生经历"假设、尝试、排除、结论"这一完整的推理过程，让学生自主感悟推理方法，提高推理能力。其中，重点抓住的是要放手让学生讨论交流，大胆推理。既培养了合作能力，又提升了推理能力。此环节仍然用到数学上的三个知识点，并且经历了完整的推理过程。

聚焦"如何推理？"引导学生掌握"假设、尝试、排除、结论"这一完整的推理过程。学生的思维迈向更深处，他们的推理能力令人佩服。而且，学生的思维由零散变得规整，头脑中建构起本节课的知识方法框架图。

随后，教师需要适当增加试玩的难度和规模，经历三次试玩之后，引导学生总结推理，强化其学习技能。

【总评】

在深入理解益智课堂核心价值，认真研究益智器具思维训练功能的基础上，学校以"益智课堂"为主渠道，以"益智教师"培养为抓手，努力打造精品课堂，力争益智课堂教学"促融合""有创新""有亮点"，最终实现学生思维能力的全面提升。本节课是学校教研团队倾力打磨的一节精品课，充分体现了以下几个特点：

（一）用足用好益智器具，充分发挥器具的思维训练功能

在"玩器具"的过程中培养思维能力是益智课堂最大的特点，因此课堂上如何用足用好器具就显得尤为重要。本节课，我们首先对器具进行改进，用吸管把棋盒分成六个区域，将六种颜色的棋子单独摆放。这样，棋子由原来的"打乱颜色散放"变成"分颜色单放"，降低了游戏难度，特别有利于学生推理。然后又聚焦三次玩，探究推理方法。第一次试玩，聚焦思维困惑：如何推理。第二次师生合作共玩，探究推理方法。第三次再玩，运用推理，巩固所学。整节课，益智器具时时刻刻在发挥其思维训练功能。

（二）打破学科壁垒，将数学知识与益智器具巧妙融合

益智器具与数学知识互为融合，相互促进，因此，教师要善于找准融合点，利用好融合点。本节课将"可能性""有序组合""简单推理"三个数学知识点融合到一起解决了"猜颜色"的问题，实现了数学知识与益智器具的有效融合，促进了学生思维能力的发展。

（三）创设多维度学习空间，引领学生自觉主动发展

把学生放在课堂的正中央，展现学生的思维，发展学生的能力是益智课堂的根本价值。因此，本节课创设了比较大的学习空间，让学生通过自主思考、小组合作、班内交流等活动，经历"假设、尝试、排除、结论"的推理过程，感受学科知识间的融会贯通，感悟推理方法，提高推理能力。

本节课创造性地改进器具，使用器具，充分发挥了器具的思维训练功能。教师对器具研究很透彻，能引导学生在"玩"的过程中，利用学科知识与益智器具之间的联系，让学生自主经历"假设、尝试、排除、结论"

的推理过程，进而感悟推理方法，提高推理能力。

培养推理能力的精品课例及点评2

《长方形面积的计算》教学实录与评析

教学过程：

一、复习旧知，导入新课

1. 复习面积和面积单位

师：同学们，上节课我们学习了面积和面积单位，谁来说一说什么叫作面积？

生：物体的表面或围成的平面图形的大小叫作它们的面积。

师：你回答得既准确又全面，物体的表面或封闭图形的大小叫作它们的面积。那常用的面积单位有哪些呢？

生：平方厘米、平方分米、平方米。

师：有平方厘米、平方分米、平方米，非常好。老师还有一个问题，咱们用什么办法可以知道一个图形的面积有多大呢？

生：摆小正方形。

师：这位同学提供了一种方法，摆面积单位，到底行不行呢？下面咱们就试一试看。

2. 明确面积和面积单位个数的关系

课件出示1平方厘米的正方形。

师：请看屏幕，这个正方形的边长是1厘米，它的面积是多少？

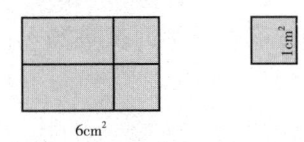

图7-12 面积教学课件1

生：1平方厘米。

师：非常准确，那这个图形的面积是多少？

生：6平方厘米。

师：为什么？

生：因为有6个1平方厘米。

师：真是个会分析问题的孩子，因为有6个1平方厘米，所以面积是6平方厘米。那么下面这个图形的面积是多少平方厘米？

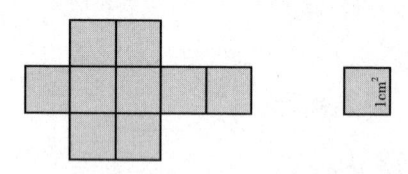

图7-13　面积教学课件2

生：9平方厘米。

师：数得真快，为什么？

生：因为它包含9个1平方厘米。

师：对，因为有9个1平方厘米，所以面积是9平方厘米。再来个难一点儿的，它的面积是多少？

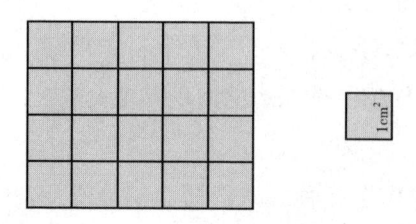

图7-14　面积教学课件3

生：20平方厘米。

师：你怎么数得这么快呀？

生：一行有5个，有4行。5×4=20。

师：他用乘法5×4很快就算出了面积是20平方厘米，真是个聪明的孩子。

3. 总结推理

师：看来，摆面积单位这个方法还真好用，一个图形包含了多少个面积单位，它的面积就是多少。所以要研究一个图形的面积，首先要研究它

包含的面积单位的个数。（板书：面积；面积单位的个数）

【设计意图】 理解研究一个图形的面积本质就是研究面积单位的个数。因此，在课程的引入上，摆一摆、数一数的环节，一方面回顾了面积的意义，另一方面这样的过程和方法也为学生后续探究理解"长×宽"的道理做了铺垫。

二、自主探索、获得经验

（一）明确面积单位的个数与每行的个数和行数的关系

1. 估一估

师：请同学们快速从信封里拿出红色长方形。咱们先来估一估这个长方形的面积大约是多少？

生1：6平方厘米。

生2：8平方厘米。

生3：12平方厘米。

师：面积到底是多少呢？用什么方法来验证一下？

生：用面积单位来摆一摆。

2. 第一次摆，验证猜想

师：好的，我们选用摆面积单位的方法来验证。同学们请看，老师发的学具还有一个小窍门呢，轻轻地把1平方厘米这一面揭掉，就可以直接拼摆了。现在听好要求：同桌合作，从信封里拿出面积单位摆一摆，数一数，咱们比一比哪一组摆得又快又巧妙？

3. 全班交流

师：摆完了吗？请大家坐端正，我们一起来分享一下。

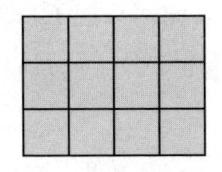

图7-15　面积单位课件4

生：因为一共摆了12个1平方厘米的面积单位，所以这个图形的面积是

12平方厘米。

师：你怎么知道里面是12个1平方厘米？

生：我是这样数的，一行有4个，有3行。4×3=12个，面积就是12平方厘米。

师：介绍得很清楚。一行有4个，有3行，4×3=12个，面积就是12平方厘米。我们把它记录下来。

（板书）4×3=12个=12平方厘米。4表示什么？3表示什么？

4．第二次摆，验证猜想

师：同学们，大家都用摆满的方法数出了它的面积。如果这个长方形再大一些，再大一些，咱们还这样一个一个地摆满是不是很麻烦呢？来，每一个同学都动动脑筋，思考一下有没有更简单、更快的、更好的方法，不摆满，也能数出面积单位的总个数？

师：找到方法了吗？谁来介绍一下你的方法？

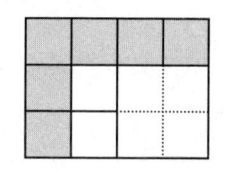

图7-16　面积单位课件5

生：一行有4个，有3行。4×3=12个，面积就是12平方厘米。

师：老师有个问题想问问你，这一行有4个我们看得清清楚楚，那3行在哪呢？

生：第二行摆一个，我就能看出有一行，第三行也摆一个，我也能看出有一行。

师：这个组的方法挺巧妙的，只摆了一部分，再加上一些推理和想象，就知道一共能摆多少个面积单位了。我们一起来看一下大屏幕，他的想法是这样的。

师：沿着长，一行摆了4个，沿着宽再摆一个，就能推理出也有这样的一行；再摆一个，又能推理出有这样的一行。一行4个，有3行，4乘3等于12个，面积就是12平方厘米。

$4×3=12$（个）$=12cm^2$

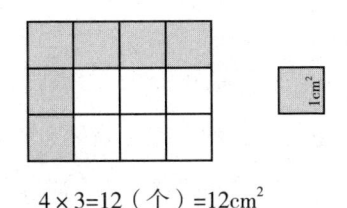

图7-17　面积单位课件6

5．对比总结

师：同学们对比刚才的两种摆法，你认为哪种方法更好？

生：第二种，不摆满的方法更简洁。

师：是啊，数学的学习既要做到求真还要做到求简，第一组做到了求真，既清楚又准确；第二组不仅做到了求真而且还做到了求简。多简单的方法呀，看来数学学习还能让我们变得更聪明。

师：那以后再求长方形的面积只需怎么摆就可以了？

生：沿着长和宽摆。

师：沿着长摆就能知道一行的个数，沿着宽摆就知道有几行。再相乘，就能求出面积单位的个数，进而就知道了面积。

（板书：一行的个数×行数）

【设计意图】 从摆满到摆一行和一列，这是思维的一次提升——抛开了操作中具体事物的外衣，留下了具有思维含量的数学思考。

（二）渗透"长与一行的个数""宽与行数"的联系

师：咱们班的同学真了不起，通过摆一摆，方法就变得越来越简单了。那么，通过摆面积单位，你能知道这个长方形的长是几厘米？宽是几厘米吗？

生：长是4厘米，宽是3厘米。

师：你是怎么知道的？

生：一个1平方厘米的正方形的边长是1厘米，沿着长摆了4个，长就是4厘米。沿着宽摆了3个，宽就是3厘米。

师：你太会讲道理啦！原来还藏着这个秘密呀！巧铺小正方形，不但测出了长方形的面积，还测出了长方形的长和宽。真是一群爱钻研的孩子呀!

(三)想象、推理,抽象出面积公式

1. 结合摆的经验,想象一行的个数和行数,推理出面积

师:这个长方形长5厘米、宽3厘米,它的面积是多少呢?这次老师要提高要求了,不摆面积单位,结合刚才摆的经验,想一想,怎么能知道一行有几个,有几行,进而求出面积呢?

师:拿出学习材料,先独立思考,然后在小组交流自己的想法,开始吧!

2. 全班交流

师:同学们刚才讨论得非常热烈,哪个小组先来说一说。

生1:一行摆5个,能摆3行,5×3=15(个)=15平方厘米。

师:大家听明白了吗?有没有问题要问她?

生2:为什么一行能摆5个?为什么能摆3行?

师:你不但会听还会思考,真佩服你,这个问题特别有研究价值。为什么一行能摆5个,能摆3行呢?能讲讲道理吗?数学是讲道理的。

生1:因为长是5厘米,沿着长一行就能摆5个1平方厘米;宽是3厘米,沿着宽就能摆这样的3行。

师:你回答得非常精彩!我要和你握握手。

3. 课件动态演示思维过程

师:大家听明白了吗?

课件演示:沿着长有1个1厘米,就能对应着摆1个1平方厘米,又有一个1厘米,又能对应着摆1个,又对应一个……所以长是5厘米,就一定能摆5个1平方厘米。像这样一个对应一个的关系,数学上称为"一一对应"。(板书:一一对应)

同样,宽是3厘米,有一个1厘米就对应一个1平方厘米,就能推理出有这样的一行,所以宽是3厘米,就能摆这样的3行。(板书)

师(小结):哎呦,方法比原来更简单啦!求面积不用摆了,只需要用一一对应的方法想,就能求出面积。再试几个,比比谁的想象力更丰富?

核心词之七——推理能力

【设计意图】在学生基本理解"5×3"道理的基础上,增加了一个课件动态演示和教师讲解的过程,再次清晰、有步骤地展现"5×3"道理的思维过程,有助于学生更好地理解和掌握。

(6)×(4)=(24)个=24cm²

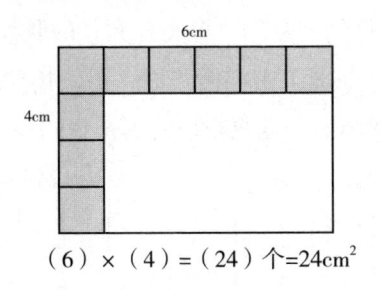

图7-18 面积单位课件8

(四)尝试想象面积

1. 课件出示长6厘米,宽4厘米的长方形

师:谁来说一说这个长方形的面积是多少平方厘米?

生:一行有6个,有4行。6×4=24个=24平方厘米。

师:说一说为什么一行有6个,有4行?

生:因为1平方厘米的正方形的边长是1厘米,一行有6个,长就是6厘米;有4行,宽就是4厘米。

师:瞧他多棒,这么快既学会了知识又学会了方法。

2. 课件出示长7分米,宽5分米的长方形

师:再试一个,这次有变化了,长7分米、宽5分米,这次摆哪个面积单位了?

(7)×(5)=(35)个=35dm²

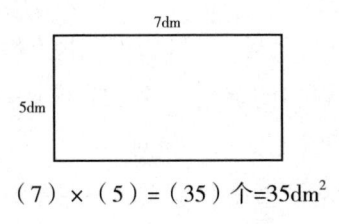

图7-19 面积单位课件9

生:长是7分米,面积单位就是平方分米。(会分析问题,了不起。)

师:谁来推理出面积?

179

生：一行有7个，有5行。7×5=35个=35平方分米。

师：面积单位是什么？

生：因为摆的是平方分米，所以面积单位是平方分米。

3. 提升"长与一行的个数""宽与行数"的联系，总结公式

师：（课件两个到一屏）咱们回头看一下，长5厘米，一行摆5个1平方厘米；长6厘米，一行摆6个平方厘米。看到长我们马上知道什么？

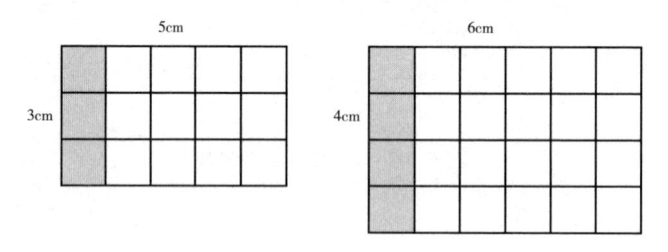

长 ⟶ 一行的个数
宽 ⟶ 行数

图7-20　面积单位课件10

生：长是几，一行就能摆几个。（真好，你真善于总结）

师：接着看，宽4厘米，就能摆4行；宽3厘米，就能摆3行。看到宽你知道了什么？

生：宽是几，就有几行。（你发现了这个秘密，非常了不起）

师：大家又发现了一个规律，赶快把它记录下来。通过一一对应发现了长就表示一行的个数，宽就表示行数。现在怎样求出面积单位的总个数？

生：长方形的面积=长×宽。（师板书：长方形的面积=长×宽）

师：大声读出我们得出的结论。像这样一步一步有理有据地得出了结论，就是运用了重要的数学思想——推理。

【设计意图】学生从"动手摆求面积→想象摆求面积→根据长宽直接推算面积"，体现了由"操作→表象→思维"的数学思维活动过程，使其对长方形面积的推理水到渠成。

三、迁移类推，总结正方形面积

师：现在给你一个长方形（长12厘米，宽8厘米），你能列式计算出它的面积吗？

生：能。（生板书：12×8=96平方厘米）

师：接着看，现在我命令：长方形变，发生什么变化了？当长等于宽时，长方形就成了正方形（边长8cm）。推理一下这个正方形的面积怎么算？

生：8×8=64平方厘米。（师板书：8×8=64平方厘米）

师：这2个8分别表示什么？能推理出正方形的面积公式吗？

生：第一个8表示一行摆8个，第二个8表示能摆8行。正方形的面积=边长×边长。

【设计意图】动态直观的演示，凸显了长方形与正方形之间的联系与区别，为学生面积计算方法顺利迁移提供了思考的启发原型。

四、引领回顾、全课总结

师：同学们，这节课我们主要研究了长方形和正方形的面积。让我们停下脚步，一起回顾整理一下，总结一些好的学习方法，积累一些宝贵经验。

要求长方形的面积，本质上就是求它一共包含的面积单位的个数。通过摆面积单位，我们总结出了用一行的个数×行数=总个数。接着利用一一对应的关系，发现了规律，长就表示一行的个数，宽就表示行数，进而推理出：长方形的面积=长×宽，又推理出：正方形的面积=边长×边长。其实我们的整个学习过程，就运用了重要的数学思想——推理。

推理的作用非常大，根据长方形的面积我们推理出正方形的面积，今后还可以推理出平行四边形的面积和圆的面积；而根据平行四边形的面积又可以推理出三角形的面积、梯形的面积。这多像一棵知识树呀！图形与图形之间紧密联系，长方形的面积计算公式是"树根"，是学习各种图形面积计算的基础，而推理将会发挥更大的作用。

【总评】

《长方形面积的计算》一课，逻辑严密，知识点环环相扣，"推理"贯穿始终。

第一次推理：面积以及面积单位的个数。复习时，从"怎样能知道一个图形的面积？"入手，通过数面积单位，让学生明确要知道一个图形的面积，首先要研究它包含的面积单位的个数。

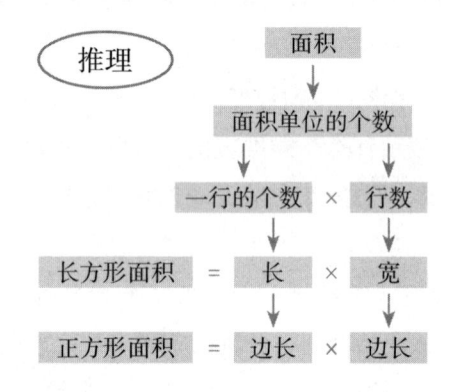

图7-21　长方形、正方形面积的计算推理

第二次推理：面积单位的个数＝一行的个数×行数。教师在引导学生估一估的前提下，让大家动手操作，从全部摆满到只摆一部分，学生发现要想知道长方形的面积，只要沿着长摆出一行的个数，沿着宽摆出行数，然后用一行的个数×行数就能求出总个数，也就知道了面积。

第三次推理：一行的个数＝长，行数＝宽。有了前面摆的经验，教师再次提出要求：不摆面积单位，结合刚才摆的经验，怎么能知道一行有几个，有几行，进而求出面积呢？这个问题就逼着学生去思考一行的个数与长的关系、行数与宽的关系，这是学生操作活动抽象内化的结果，也是突破重难点的关键所在。

第四次推理：长方形面积＝长×宽，正方形面积＝边长×边长。由长方形过渡到正方形，虽然图形稍有变化，但求面积的本质是不变的，实现了正方形面积公式的顺利迁移。

培养推理能力的实践应用案例1

《2、3、5倍数的特征》拓展性作业

作业内容：

同学们，我们已经学习了2、3、5倍数的特征，借助于已有的知识和经验，你们能探究一下4和9的倍数有什么特征吗？大胆猜想、小心验证，把你的探究过程写出来就是一篇小论文了。

作业设计说明：

1. 设计意图：本次作业是在学习了"2、3、5的倍数的特征"的基础上设计的，让学生借助于已有的知识经验和探究2、3、5倍数特征的方法，运用知识迁移、联想、推断，大胆猜想、小心验证，自主探究4和9的倍数的特征。本次拓展性作业有利于帮助学生改善"只面对教科书和基本习题形式"的局面，是对已学知识进行的有效补充和拓展，有利于提高学生综合应用知识解决问题的能力和自主探究的能力，有利于提升学生的综合素质。

2. 学生操作方法：学生在学习了"2、3、5倍数的特征"之后，利用课内和课外相结合的方法完成本次作业。课外主要是利用双休日时间，以各个学习小组为单位进行，课内主要交流研究成果。

3. 作业评价标准：关注学生对"4、9倍数的特征"的基本掌握情况，关注学生在探究过程中的思维状况和表达能力，从学生参与的积极性、活动成果等方面做总结性评价。

培养推理能力的实践应用案例2

《三角形的面积》拓展性作业

作业内容：

同学们，我们用两个完全一样的三角形拼成一个平行四边形，根据三角形与拼成的平行四边形之间的关系，推导出：三角形的面积=底×高÷2。

如果只用一个三角形，能否推导出三角形的面积公式呢？请结合下面的提示，尝试用"以盈补虚"的方法推导一下吧。

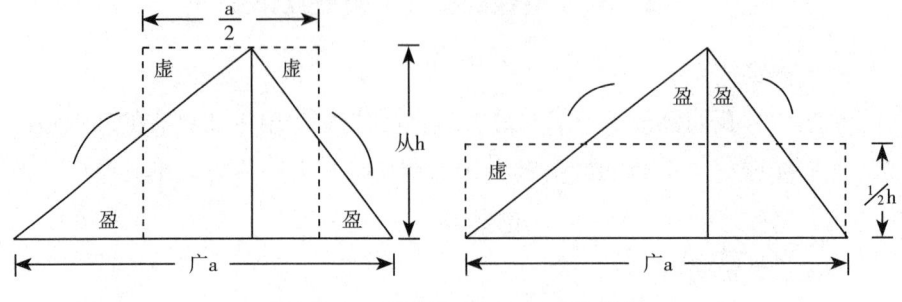

图7-22　三角形面积——以盈补虚

1. 通过"以盈补虚"，可以将三角形拼成（　　　）。

2. 三角形与拼成的图形面积（　　　），各部分之间有什么关系？如何推导三角形的面积公式？

作业设计说明：

1. 设计意图：课堂上学生已经经历了用两个完全一样的三角形拼成平行四边形的方法推导三角形的面积公式，本次作业旨在拓宽学生的思维，渗透"以盈补虚"的方法，让学生体会解决问题方法的多样化，感受转化的数学思想方法，提高学生的推理能力和思维能力。

2. 学生操作方法：学生在学习了"三角形的面积"之后，利用课内和课外相结合的方法完成本次作业。课外：学生尝试自主探究；课内：交流推导过程、进行总结提升。

3. 学生作业评价：关注学生将三角形转化成长方形的方法，关注学生对三角形与长方形各部分之间关系的梳理过程及三角形面积公式的推导过程，关注学生在交流过程中的思维状况和表达能力。

核心词之八——模型思想

何为"模型思想"

《义务教育数学课程标准（2011年版）》中是这样阐述的："模型思想的建立是学生体会和理解数学与外部世界联系的基本途径。建立和求解模型的过程包括：从现实生活或具体情境中抽象出数学问题，用数学符号建立方程、不等式、函数等表示数学问题中的数量关系和变化规律，求出结果并讨论结果的意义。这些内容的学习有助于学生初步形成模型思想，提高学习数学的兴趣和应用意识。"[①]

教师要创设现实生活情境，引导学生从中提出数学问题，这是建模的起点；然后组织学生观察、操作、分析、比较、推理，经历完整的模型建构全过程；最后将模型应用于同类型问题中，检验是否合理可用，如不合理，就要再次假设、修改、完善。

怎样培养、发展小学生的模型思想

一、结合教学内容逐步渗透，引导学生不断感悟模型思想

说起模型，有的老师就认为各种运算律以及图形的面积、体积、周长等的计算公式才是模型。其实模型在数学课堂上随处可见，数学学习就是不断建立模型并应用模型的过程。

[①] 摘自《义务教育数学课程标准（2011年版）》第7页。

第一学段中的数字模型。教师要引导学生经历由实物抽象出数的过程，明确每个数字模型所表示的含义，从而更好地在日常生活中应用数字模型。如：三只小狗、三把笤帚、三辆汽车等都可以抽象出用三个红点表示，再进一步抽象出可以用数字符号"3"来表示，让学生理解这么一个像小耳朵似的数字符号"3"，就能表示所有数量是3的物体的个数。

第一学段中的平面图形模型。一年级时初步认识长方形、正方形，要让学生经历面从体中来，想办法从立体图形中得到长方形、正方形，整体感知长长方方的是长方形，正正方方的是正方形。二年级要掌握长方形、正方形的具体特点，需要学生通过看一看、量一量、折一折、比一比等活动，从边和角两个方面充分认识长方形、正方形。这时，长方形、正方形的模型在学生头脑中已经比较丰满了。到了中高年级再从周长、面积的角度深入认识长方形和正方形，此时长方形和正方形就已经能深入人心了。

除此之外，还要帮助学生建立各种计量单位的模型，掌握四种基本运算的意义即运算方法的模型，建立解决各类实际问题的模型等。

第二学段：结合日常生活中的具体问题，引导学生通过观察、分析、推理，抽象出更为一般的模式表达。相对于第一学段来说，此学段构建模型思想应该和符号意识、方程、函数思想的渗透相结合。

运算律：$a+b=b+a$；$a\times(b+c)=ab+ac$……

运算性质：$a-b-c=a-(b+c)$；$a\div b\div c=a\div(b\times c)$

数量关系：工作效率×工作时间=工作总量；本金×利率＝利息；速度×时间=路程……

正反比例关系：$y:x=k$（一定）；$xy=k$（一定）

二、引导学生经历构建模型的过程

经历完整的模型建构过程是理解模型、建构模型的关键，也是今后应用、拓展模型的保障。因此，教师要抓住知识本质，科学设计探究过程，让学生由浅入深，水到渠成地建立模型、抽象模型、理解模型，培养学生的数学模型思想。

例如，在学习《圆的周长》一节课时，要帮助学生建立的重要模型是任何一个圆的周长都是直径的π倍。建立了这个模型后，圆周长计算公式的模型C=πd就迎刃而解了。我们可以尝试从两大方面建构模型。

环节一：观察推理分析，建构数学模型。

提前给出几个直径不同的圆，让学生测量圆的直径与周长，形成数据，如下表。请同学仔细观察数据，你发现了什么？

表8-1　直径与周长的关系

直径（cm）	3	4	5	6
周长（cm）	9.5	13.1	16.1	19.5
	10.1	12.8	16.5	19.7
	9.8	13.3	15.9	20.5

1. 学生无序观察，会发现数字有的大、有的小，之间没有什么必然联系。

2. 学生有序观察后，可以发现：

横向观察，直径越长，量得的周长就越长。

纵向观察，直径相同，量得的周长都差不多。

3. 圆的直径越长周长就越长，说明圆的周长与直径有关。

4. 学生纵向观察发现：圆的周长大约是直径的3倍多，并通过各组数据的继续分析，初步建立模型，即圆的周长=直径×3。

那是不是圆的周长就是直径的3倍多？教师通过课件演示任意3个圆周长与直径的关系，帮助学生从直观上再一次加深"任意圆的周长都是直径的3倍多一些"这一模型。

5. 通过每个环节后的追问："你有什么想说的？""你又有什么想说的？""现在你觉得圆的周长与直径到底有怎样的关系？"等一系列的问题，让学生充分经历圆的周长与直径关系模型的建立过程。

环节二：经历研究过程，推理感受模型。

"圆径一而周三"

《周髀算经》

图8-1　《周髀算经》——圆径一而周三

教师先带领学生走进《周髀算经》，从《周髀算经》中的"圆径一而周三"，建立起圆的周长=直径×3的模型。很明显这里的结论不够准确，于是再让学生经历更科学的研究方法——刘徽的割圆术（播放视频）。

祖冲之
（南北朝时期数学家）

正2457边形
圆的周长是直径的
3.1415926—3.1415927倍。

刘徽
（魏晋时期数学家）

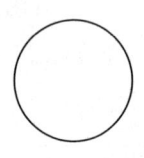

正3072边形
圆的周长是直径的
3.1416倍。

图8-2　祖冲之圆周长的算法　　　　图8-3　刘徽圆周长的算法

在对"割圆术"的初步感知中，也能发现圆的周长是直径的3倍多，与学生的研究结果一致，在关注了学生情感态度的同时又提出了新的问题：如何变得更接近？学生在推理中发现，正多边形的边数越多，周长就越接近圆的周长，有了刘徽的研究，学生就建立起圆的周长=直径×3.1416。尽管模型更精确了，但始终有差距。

再带领学生走近南北朝时期的数学家祖冲之，当他研究到正24576边形时，得出圆的周长=直径×3.1415926—3.1415927的模型，最后到π的产生，学生最终建立起圆的周长=直径×π的模型。

在模型的不断建立中，学生感受到圆的周长与直径的倍数关系在越来越准确的产生。在经历研究过程中逐步抽象，在不断推理应用中完成建模。

三、在解决生活问题中拓展模型

模型从生活中来，最终还要应用于生活，它是联通数学与生活的一座桥梁。建立模型很重要，而运用模型解决实际问题才是学习的最终目的。因此，教师要善于引领学生走进生活，发现具有同样特征的问题，并尝试用学过的模型解决问题。

比如，学生理解并掌握了解决《鸡兔同笼》问题的模型之后，可以引导学生应用模型解决生活中以下问题：

1. 停车场上有两轮电动车和小轿车，共50辆，总共有160个轮子，电动车和小轿车各有几辆？

2．六年级开展语文竞赛活动，答对一题加10分，答错一题扣10分，共20道。张红最后成绩是160分，她做对了几道题？

3．某厂家要为商场运送100只玻璃花瓶，双方商定每个运费为1元，如果打碎一个，这个不但不给运费，而且要赔偿三元。结果运到目的地后，结算时厂家共得运费92元，请问打碎了几个玻璃花瓶？

4．国庆节马上要到了，小红家正在利用空闲时间忙着扎花灯呢。休息日他们每天扎8个，工作日每天扎4个，他们一共扎了24个花灯，平均每天扎6个。你知道这几天中有几天休息日、有几天工作日吗？

以上问题，虽然情境变了，不再是鸡和兔，也不再研究头、腿和只数，但是本质上都是鸡兔同笼问题，都需要用解决鸡兔同笼问题的模型来解决。经过这样的变式练习，学生对鸡兔同笼问题会理解得更深入，思维也会更灵活。

四、引导学生用数学的眼光去观察周围的事物

教师要引导学生用数学的眼光观察现实生活，善于从日常生活中找到隐藏的数学模型。例如，看到了吊车上的三角形吊臂，支撑篮球筐的三角形架子，高压输电线的铁塔等，都要让学生联想到三角形的稳定性。看到体育课上老师测量跳远成绩时，立刻就应该想到，老师测量的就是后脚跟到起跳点的垂直线段的距离，即运用的是点到直线的距离。看到笔直的铁轨学生能想到平行线，并且理解铁轨为什么必须要平行。面对当下做的几件事情，要学会用统筹规划的思想去安排，争取在短时间内完成所有工作，提高做事效率。再如，国庆节快到了，园林绿化公司要在长1000米的街心公园一侧，每隔25米摆放一盆花卉，请问一共要准备多少盆花卉？马拉松比赛全程45千米，平均每5000米设置一处饮水服务站，起点不设终点设，全程一共有多少处这样的服务站？学生看到这类题目，马上就应该联想到这属于植树问题，应该用植树问题的模型去解决。可见，所谓"用数学的眼光去观察周围的事物，抽象出它的数学意义"，就是从实际事物中发现蕴含其中的数量关系或空间形式。这种数学的眼光是发现数学问题、

抽象并运用数学模型不可或缺的，必须经过日积月累的培养。

五、将符号意识的培养和方程、函数思想的渗透相结合

文字语言、符号语言、图形语言是数学语言的三种常用的表现形态。在小学数学中，随着年级的升高，教师要引导学生不断尝试用符号语言表达模型。小学数学中的数学模型，无论是周长、面积、体积的计算公式，各种数量关系以及正反比例的意义，都直接或间接体现着方程思想、函数思想。因此，将数学建模教学与符号意识的培养和方程、函数思想的渗透相结合，既是自然的，也是必要的。

培养模型思想的精品课例及点评1

《植树问题》教学实录与评析

教学过程：

一、创设生活情境，激发探究热情

师：同学们，大家先来看两张图片，比较一下，你喜欢哪一张图片里的环境？为什么？

图8-4　植树问题两幅图片对比

生：第二张，环境好。

师：猜猜看，环境好的原因是什么？

生：绿化好，空气清新。

师：是啊！植树能净化空气，美化环境。光明小学为了进一步改善校

园周围的环境，准备在校门口的小路上种一些树。他们打算如何种呢？

图8-5 光明小学植树活动

【评析】"植树问题"既可以赋予它数学问题的范畴，又可以赋予它生活的意义。在导入环节中，引导学生观看大气污染、蓝天绿水的图片，激发学生爱护环境的意识与热情。

同时，教师还要借助除法，帮助学生们认识"段"。

师：校门口有一条长20米的小路，如果每5米分一段，可以分成几段？

生：20÷5=4（段），因为是平均分，所以用除法解决。

课件动态演示：把20米长的小路，每5米分一段，分成四段。

20÷5=4（段）

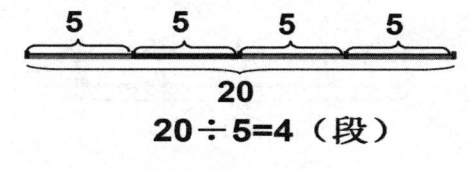

图8-6 认识"段"

二、自主探究，构建"两端都有"植树模型

（一）依段猜想，感知模型

师：如果在这20米长的小路上种树，每隔5米种一棵，可以种几棵呢？

生1：4棵。

生2：5棵。

师：刚才每5米一段，我们明明算出来的是4段，为什么能栽5棵？到底能栽4棵还是5棵呢？这节课，我们就一起来学习"植树问题"。（板书课题）

【评析】此环节让学生根据生活经验猜想植树棵数，面对"20米路，每5米栽一棵树,共栽几棵树"这一问题,大部分学生认为是"5棵",还有的学生认为是"4棵",到底是几棵树呢?老师抓住时机追问:"明明算出来的是4段,为什么能栽5棵?"老师的问题直击学生思维的疑难处,大大地激发了学生探究的欲望,学生根据段数猜想棵数的同时,模糊地感觉到棵数与段数之间好像有一定的联系,经历了第一次朦胧感知模型的过程。

(二)动手操作,验证模型

师:下面,咱就用长纸条代表20米的小路,短纸条代表5米一段,小棒代表小树。同桌合作,用学具摆摆看到底能栽几棵树?

师:谁上来展示你们的研究结果?

图8-7　4段探究

生:(边摆边讲解)每隔5米种一棵树,起点的地方还可以种一棵,所以一共能栽5棵树。

师:看大屏幕,咱们把他们种树的过程回放一遍。

师:20米的小路,我们平均分成4段,种了5棵树。如果把小路延长到30米,你还会种树吗?40米呢?

图8-8　8段探究

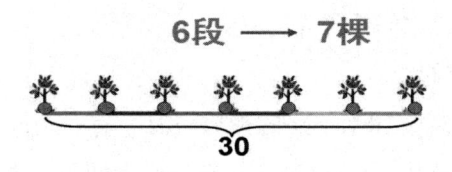

$$6段 \longrightarrow 7棵$$

图8-9 6段探究

【评析】此环节，学生带着疑问动手操作，发现每5米种1棵，最后还要在起点处种1棵，于是两端都有，"棵树比段数多1"这一模型在操作中得到验证，由最初的朦胧变得更加清晰。

（三）寻找规律，理解模型

段数 ⟶ 棵数

20÷5= 4（段） 5（棵）
30÷5= 6（段） 7（棵）
40÷5= 8（段） 9（棵）

图8-10 "段"问题的规律

师：仔细观察这三段小路的种树情况，看看段数与所对应的棵数，你有什么发现？

生：棵数比段数多1。

师：是啊！棵数为什么比段数多1呢？多的1棵在哪里呢？仅看数字很抽象，下面咱们结合图形来分析一下（课件出示三条小路的植树情况），把想法在小组内交流交流。

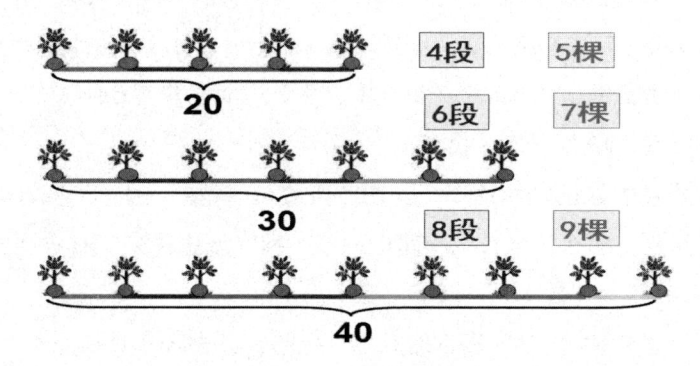

图8-11 "段"问题的应用汇总

师：谁来说一说你们的研究结果？

生：多的1棵在起点处。

师：我们一起观察20米小路的种树情况。有一个5米，后面就对应1棵树……4个5米就对应4棵树。这种方法在数学上叫——一一对应（板书）。第五棵树应该种在哪里？

生：第5棵树种在起点处。

师：对，多的1棵就在起点处。谁能用一一对应的方法来说一说30米、40米的小路怎样种？

生：（略）。

师：三个例子让我们清楚直观地看出多的一棵树，就在起点处。

师：这三条小路两端都有树，我们就把这种植树类型叫作"两端都有"（板书）。"两端都有"棵树比段数多1，要求棵数就用段数加1（板书）。

师：刚才我们是根据图来进行种树，如果不给图，你还会种吗？50段能种几棵树？

生：50段能种51棵树。

师：200段呢？

生：200段能种201棵树。

师：1000段呢？

生：1000段能种1001棵树。

【评析】此环节，"棵数比段数多1"这个模型已浮出水面，可喜的是老师并没有停留在表面，而是借助"多的这个1在哪里？"这一问题，引导学生找出两端都种树这种模型的关键，借助数形结合、一一对应，学生很快就明白多出来的1就在起点处。此时此刻"棵数比段数多1"这个模型已经深入人心。

（四）列式解答，建立模型

师：现在大家已经知道了，要用"段数+1=棵数"的方法来解决两端都有的植树问题。那么20米长的小路能种多少棵？该怎样列式解答呢？

生：20÷5=4（段）；4+1=5（棵）。

师：这里的两个"4"表示的意思一样吗？分别表示什么意思？

生：第一个"4"表示4段，第二个"4"表示4棵树。

师：理解得真透彻，第一个"4"表示4段，第二个"4"表示4段对应的4棵树。

师：那这个"1"是指什么？

生："1"表示起点处多的那1棵。

师：刚才解决这个问题的时候，是借助图形来帮助我们分析的，这种把数和形结合起来分析问题的方法，在数学上叫作数形结合（板书）。

【评析】当学生把头脑中的"道理"转化成"算式"时，"两端都有"的植树模型就跃然纸上了。此时此刻，两端都有的植树模型才算真正建构起来。

（五）解决问题，应用模型

师：下面我们就用掌握的方法来解决日常生活中遇到的植树类型问题。

> 桥长50米，在桥的一侧，每5米装一个广告牌（两端都装），一共装了多少个广告牌？
> 列式计算：50÷5=10（段）
> 　　　　　10+1=11（个）

图8-12 "段"问题应用模型

师：这里谁表示小路？谁表示小树？怎样解决？

生："桥"表示"小路"，"广告牌"表示"树"。先求"有多少段？"50÷5=10（段），再用"段数+1=个数"求个数，10+1=11（个）。

【评析】本题是此模型的巩固练习和灵活应用，因为这个模型是本节课的主模型，是为其他两个模型服务的，所以在此处多做文章，也是突出重点、突破难点的好方法。总之，任何一个模型的建立都不是一蹴而就的，需要通过一次次活动，循序渐进地感知、领悟、构建和深化。通过以上五个环节，学生头脑中的模型由模糊到清晰，由感知到理解，由会用到活用，"两端都有"的植树模型已真正根植于学生的内心。与此同时还渗透了一一对应、数形结合的数学思想，培养学生言必有据、严谨细致的个性品质。

三、类比迁移，构建"只有一端""两端都没有"的植树模型

（一）"只有一端"植树模型

师：在现实生活中，除了"两端都有"的植树类型外，还会有很多特殊情况。比如小路的一端有座小房子，那这一端能不能种树？现在可以种几棵树呢？

生：有小房子的地方不能种树，只能种4棵树。

师：像这种只在一端种树，另一端不种的情况叫作"只有一端"（板书），"只有一端"比"两端都有"少几棵树？少在哪里？

20米长的路，每隔5米种一棵树，可以种几棵？

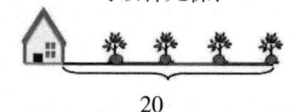

20

图8-13 "段"问题应用题1

生：比"两端都有"少1棵树？少在小房子处。

师：如果两端都有种8棵树，只有一端种几棵？

生：只有一端种7棵树。

师：两端都有种20棵树，只有一端种几棵树？

生：只有一端种19棵树。

师：看来要求只有一端种几棵树，我们要先求出什么？再求什么？

生：先求"两端都有"种几棵，然后求只有一端种几棵树。20÷5=4（段）；4+1=5（棵）；5-1=4（棵）。

（二）"两端都没有"植树模型

师：在生活中还会有小路的两端都有小房子，像这种情况我们就说"两端都没有"。这种情况可以种几棵树？你能根据刚才的研究过程，利用"两端都有"的植树模型来计算出"两端都没有"的棵数吗？

20米长的路，每隔5米种一棵树，可以种几棵？

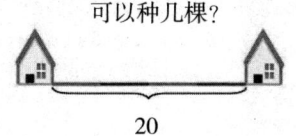

20

图8-14 "段"问题应用题2

小组合作探究（略）。

师：咱们先请一组交流，大家认真听，有疑问可以大胆提出来。

生1："两端都没有"比"两端都有"少2棵，所以用"两端都有"的棵数–2，就可以求出"两端都没有"的棵数。

列式：20÷5=4（段）； 4+1=5（棵）； 5–2=3（棵）。

生2质疑：为什么+1？为什么又–2？

生1：+1是因为两端都有比段数多1，–2是因为两端都没有比两端都有少2。

（三）梳理总结

师：观察"只有一端""两端都没有"的植树情况，解答时有什么相同点？

生：都是先求"两端都有"种几棵树。

师：对，像这种在"两端都有"的基础上解决"只有一端""两端都没有"的方法，在数学上叫作类比迁移法（板书），学会这种方法就可以举一反三，灵活解决各种问题。

师：现在我们已经学习了几种植树情况。其实在生活中很多事情就像植树问题一样，老师找了一些事例，我们一起来瞧一瞧，这些事例中的"树"都种在哪里？

生1：衬衣扣子是"树"，属于"只有一端"。

生2：公交站点是"树"，属于"两端都有"。

生3：锯子锯木头的地方是"树"，属于"两端都没有"。

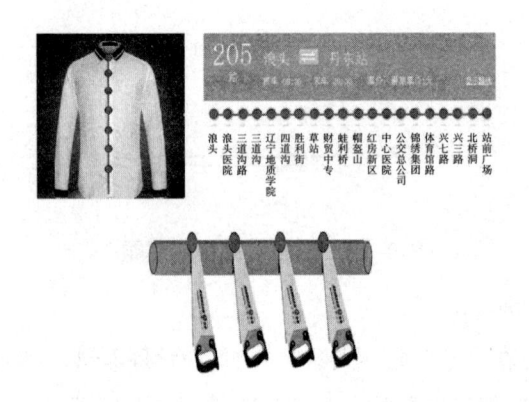

图8-15 生活中"段"问题梳理总结

【评析】此环节根据"两端都有"的植树模型，借助生活经验，利用"类比迁移"的方法帮助学生建立"只有一端""两端都没有"的植树模型，其他两种模型无须研究"棵树与段数之间的关系"，只需根据生活经验，借助类比迁移，就会发现"只有一端"比"两端都有"少1棵，"两端都没有"比"两端都有"少2棵即可，大大降低了思维难度。在交流解决方法时，重点引导学生反复说先求什么？再求什么？帮助理清解题思路：先求出"两端都有"的植树情况，再根据实际情况"减1"或"减2"就行。在操作、观察、分析、抽象、概括的活动中，培养了学生"严密思维、清晰表达"的思维习惯，进而形成了知识迁移的能力。

四、应用植树模型，解决问题

师：现在大家已经把三种植树问题的模型在脑子里建立起来了！我们下面就用建立的这些数学模型解决一些生活中的实际问题。

（一）感悟解题思路

例题：在全长800米观光路的一边，摆放供游人休息的长椅（观光路的两端是花坛），每隔8米放一条长椅，一共摆放多少条长椅？

师：在解决植树问题中，我们要先判断什么？根据什么进行判断？

生：先判断属于什么植树类型，根据关键的词句进行分析。

师：所以读题时要把关键词句画下来。谁来找一找找这道题的关键词句在哪里？

生：观光路的两端是花坛。

师：根据它可以判断这个植树问题属于什么情况？谁会解决？

生：属于"两端都没有"。800÷8=100（段）；100+1=101（条）；101-2=99（条）。

师：回想一下解题过程，在解决植树问题时，我们要先做什么再做什么？最后做什么？

生：找关键词——分析类型——列式解答（先求"段数"，再求"两端都有"，最后再减1或减2）。

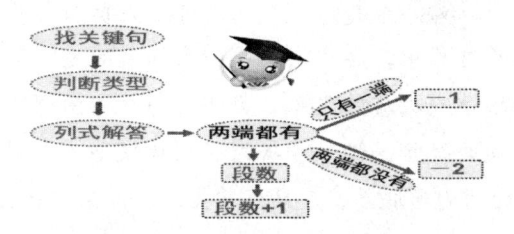

图8-16 应用题求解思路

（二）巩固实践，学以致用

师：下面我们就用这种解题思路来解决下面的两道题。

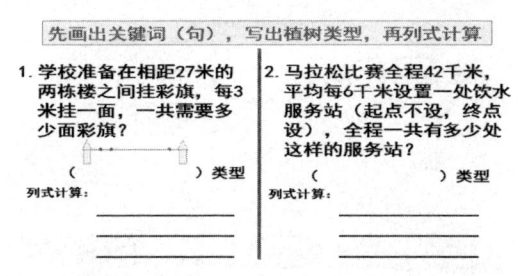

先画出关键词（句），写出植树类型，再列式计算

1. 学校准备在相距27米的两栋楼之间挂彩旗，每3米挂一面，一共需要多少面彩旗？

2. 马拉松比赛全程42千米，平均每6千米设置一处饮水服务站（起点不设，终点设），全程一共有多少处这样的服务站？

图8-17 应用题求解思路应用案例

学生独立解答，集体交流。

（三）拓展应用：封闭图形种树

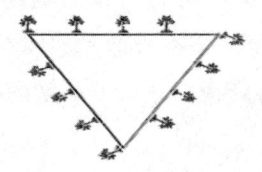

图8-18 应用题拓展

师：你能想办法把这个封闭图形变一变，让大家一眼就能看出这属于哪一种植树问题吗？

生：在一个顶点处剪开、拉直。就可以看出属于"只有一端"。

师：真聪明，巧妙地运用转化思想"化曲为直"，让大家一眼就看出此题考查的模型属于"只有一端"。

【评析】只建立模型还不行，还要能应用模型，要在应用中巩固加深学生对模型的理解。在此环节先安排了一次实践练习，引导学生掌握分析问题的方法，在以后的练习中可以举一反三：找关键词——分析类型——列式解答（先求"段数"，再求"两端都有"，最后再减1或减2）。在解决三种植树问题的过程中，学生实现了横向沟通联系，从直观到抽象的提升，完成了数学思维一次质的飞跃，数学思想、方法得以沉淀、凝聚，从而积累了数学建模的经验，进一步巩固了植树模型。在封闭图形上植树，实现了知识间纵向的沟通联系，发展了学生的应用意识和创新意识。

五、回顾整理，总结提升

师：我们一起来整理一下。（出示课件）

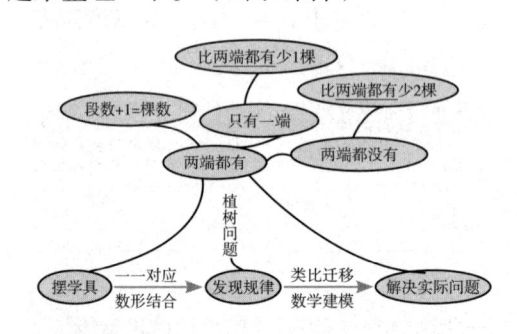

图8-19　回顾整理课件

【评析】在最后的回顾环节中，引导学生对本课内容进行回顾梳理，一方面，帮助学生沟通知识之间的联系，构建清晰的认知结构；另一方面，帮助学生梳理数学思想，体会数学思想在学习中的重要性。同时，也引导学生养成每节课后进行整理、总结、反思的意识和习惯。

【总评】

本课教学设计以学生为本，注重培育学生的数学思想、模型思想、解决问题的三方面核心素养，重视培养学生的自主探究和实践能力。教师创新思路，以"两端都有"为基本模型贯穿整节课始终，通过依段猜想，感知模型——动手操作，验证模型——寻找规律，理解模型——列式解答，建立模型——解决问题，应用模型，引导学生在操作、交流、探索中去发现问题，有效思考，用数学的思维分析问题，亲身经历知识的产生、发展及应用的过程。

首先，在探究中渗透数学思想，提升数学素养。

让学生在探究知识的过程中领悟数学思想是将数学知识转化为数学能力的桥梁。本课中，在深入理解并建立"两端都有"的植树模型"棵树=段数+1"时，用到了"一一对应"和"数形结合"的数学思想。然后以"两端都有"为基本类型，通过类比迁移来研究"只有一端""两端都没有"的植树模型，沟通了三种植树模型的内在联系。在探究知识的过程中，无形地渗透数学思想，提升了学生的数学素养。

其次，以生为本建构模型，提高解决问题的能力。

通过多次磨课，发现学生利用学具探究植树问题时，大多数都是"两端都有"的植树模型，所以根据学生实际，花费大量时间研究棵数与段数的关系，建构"两端都有"植树模型。然后以"两端都有"为基本模型，去研究其他植树模型。学生无需花费大量时间和精力去理解并记忆什么情况下"棵数=间隔数，棵数=间隔数+1，棵数=间隔数–1"这些抽象的数量关系，只在头脑中清晰建立一种模型即可，然后根据生活经验发现"只有一端""两端都没有"与"两端都有"棵数之间的关系也很简单，根据实际情况减1或减2就行了。这样设计真正做到以生为本，化难为易、化繁为简，这也是本节课的点睛之笔。在练习中，帮助学生理清解决问题的思路及方法，授之以渔，巩固数学模型，能够举一反三，进行知识迁移，灵活地解决问题，大大提高学生们解决问题的能力。

最后，注重回顾整理，增强反思的能力。

学生对自己的学习过程、经验和方法的回顾与反思，是学习活动的重要组成部分，是学生学好数学必备的能力，也是促进学习活动优质高效开展的重要途径。本节课多次引导学生进行回顾反思，通过回顾植树问题的解决方法，帮助学生理清算理与算法；课的最后又引导学生回顾反思了整节课的学习过程（梳理知识，反思学法，整理思想），从而系统地理顺思路，整体构建了知识网络。每一次反思都是在引导学生总结研究问题的方法，同时也是向学生渗透反思的意识——当问题研究到一个阶段时，要及时进行反思，总结得失，为以后的研究积累经验。

培养模型思想的精品课例及点评2

《乘法分配律》教学实录与评析

教学过程：

一、涂色比赛，提出质疑

师：同学们，下面我们来玩一场涂色比赛。请两名同学，每人涂一个图形，谁在最短时间内涂满整个图形，谁就获胜。（黑板上出示大小不一的两个图形）

两生进行涂色比赛，教师观察并出示结果。

师：我宣布男生获胜。

生：老师，这样比赛不公平，因为他们涂的图形大小不一样。

师：是啊，图形的大小不一样，比较起来就不公平。而一个图形的大小就是它的面积，这节课咱们就一起来学习面积和面积单位。

【评析】课程伊始，设计了"涂色比赛"的小游戏，通过涂色比赛发现其中的奥秘——比赛结果与面积的大小有关，从而开始比较各种面积的大小，为本节课顺理成章地展开埋下伏笔。

二、学习面积及面积单位

（一）认识面积

1. 物体表面的面积

师：（用手摸作业本的封面）作业本封面的大小，就是作业本封面的面积。你还能指出周围哪些物体表面的面积呢？

生1：（摸桌面）桌子面的大小就是桌面的面积。

生2：铅笔盒这个面的大小，就是铅笔盒整个面的面积。

生3：黑板面的大小就是黑板面的面积。

师：像作业本封面、桌子表面、黑板面这些摸得到或看得到的面，称为物体表面。物体表面的大小，就是它们的面积。

（课件出示：物体表面的大小，是它们的面积）

2．封闭平面图形的面积

师：我们找到了物体表面的面积，平面图形的面积你还能找到吗？请你指一指长方形的面积，并说一说什么是长方形的面积。

生：长方形的大小是长方形的面积。

师：你很会学习，能根据物体表面的面积来说平面图形的面积。

师：圆的面积呢？

生：圆的大小就是圆的面积。

师：你说得真好，就像一个小老师一样！

师：这个图形的面积呢？

生：没有面积。

师：为什么没有面积？

生：因为它没有圈起来。

师：这个图形首尾没有连接起来，不是一个封闭图形，所以就没有面积。只有围起来的封闭图形才有面积。（板书：围成平面图形的大小，是它们的面积。）

师：谁能用一句话概括什么是面积？

师（板书）：物体表面或围成平面图形的大小，是它们的面积。

（二）认识面积单位

图8-20　认识面积单位课件1——常见物体图形

1．比较平面图形面积的大小，理解统一单位的必要性

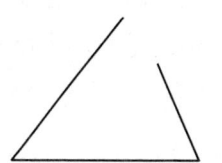

师：这两个图形，谁的面积大，谁的面积小？

生：圆的面积最大，五角星的面积最小。

图8-21　认识面积单位课件2——长方形

师：对，同学们一眼就看出来了，接下来老师要加大难度了，黄色和蓝色长方形，哪个面积大？

生1：蓝色长方形大。

生2：黄色长方形大。

生3：一样大。

师：到底谁大谁小呢？咱们能不能想一个好方法，一下就比较出来呢？

生：把它们重合起来，放在一起比较。

师：你真聪明，快睁大眼睛看，谁的面积大。（课件演示）

师：当我们不能一眼判断出两个图形的面积大小时，可以重叠在一起进行比较。

师：咱们再来试一次，请看这两个图形谁的面积比较大？

图8-22　认识面积单位课件3——正方形和长方形

师：好，重叠起来比较。这怎么判断大小？只凭感觉来判断是没有说服力的，看来重叠比较也不行了。我们再用什么方法来比较？

生：用尺子量，利用公式来计算它们的面积大小。

师：你真是个博学的好孩子，提前学了这么多的知识。但面积的公式现在还没学，那怎么办呢？

生：量它们的周长，再比较。

师：其实面积和周长是有区别的，咱们不能根据周长来判断面积。再想一想，还有其他的方法吗？

```
温馨提示
1. 每4人为一组，小组长负责合理分工和
   记录。
2. 利用选好的小图形，快速拼摆。
3. 音乐停，小组合作结束。
```

图8-23　认识面积单位课件4——温馨提示

师：看来同学们遇到困难了。老师给大家一点小提示，我给每个小组准备了一些大小相同的正方形和圆形，利用这些小学具，你能不能想办法比较出它们的大小呢？请看合作要求。

全班交流。

组1：用圆形摆，汇报摆的个数，判断面积的大小。

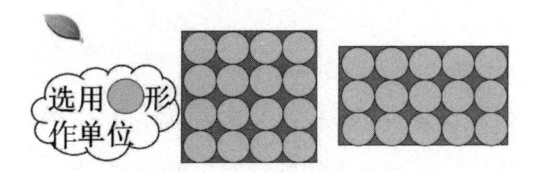

图8-24　认识面积单位课件5——选用○作单位

师：这个小组利用了小圆形进行比较，一个铺了16个小圆形，一个铺了15个小圆形，所以他们认为红色正方形的面积大。对于这个小组用圆形来比较，你有什么想说的？

生：用圆形摆，铺不满，有空隙。

师：对呀，我们用小圆形来比较的时候会有空隙，所以用小圆形来测量图形的面积不够精准。其他小组还有别的方法吗？

组2：用方形摆，汇报摆的个数，判断面积的大小。

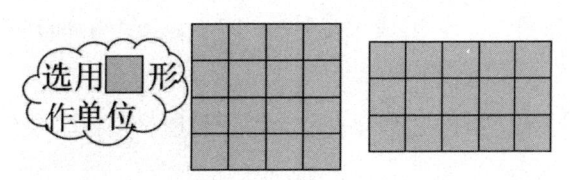

图8-25　认识面积单位课件6——选用□作单位

师：这个小组摆的是小正方形，对比刚刚用小圆形来比较的方法，你

觉得怎么样？

生：用正方形摆比较合理，没有空隙。

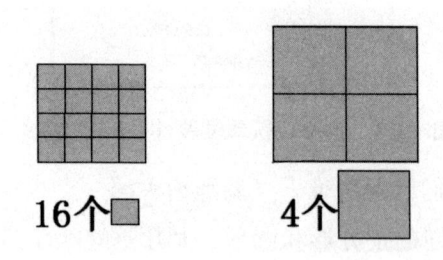

16个☐　　4个

图8-26　认识面积单位课件7——正方形的摆放

师：瞧，这两个图形也是用小正方形摆的，因为第一个图形摆了16个，第二个图形摆了4个，我们就说第一个图形的面积大，这样合理吗？为什么？

生：不合理，因为小正方形的大小不一样。

师：（带头鼓掌）他一下就发现了问题的本质。用大小不一样的小正方形去判断面积的大小，一定不合理。所以必须要用统一标准的正方形去测量，这个统一的正方形的大小就叫作面积单位。（板书：面积单位）

【评析】此环节通过比较两个图形的面积，激起学生的探究欲望，给学生提供宽阔的探索空间，激活学生思维，层层深入，寻求解决矛盾的方法，从而得出统一单位的必要性。

2．认识面积单位

（1）认识平方厘米

师：请拿出这个小正方形，用尺子测量一下它的边长是多少？

生：边长是1厘米。

师：对！数学上，就把边长是1厘米的小正方形的面积规定为1平方厘米。请同桌之间互相说一下什么是1平方厘米。

师：平方厘米还可以用字母表示。还记得厘米用什么字母表示吗？

生：cm。

师：对，在cm的右上角写个小小的2，即"cm^2"这个2就表示平方的意思，读作一平方厘米。一起读一遍。

师：来，请像老师这样把1平方厘米拿在手里，仔细摸一摸，闭上眼睛想一想，它是边长1厘米的小正方形。1平方厘米有多大，记住了吗？好，睁开眼睛。我发现这个粉笔头的面积大约是1平方厘米。你能不能也像老师这样，找一找，我们身上或身边有哪些物体的面积大约是1平方厘米？

生1：指甲的面积大约是1平方厘米。

生2：碳素笔顶端圆形面大约是1平方厘米。

师：观察得真仔细，我们一起伸出手，拿1平方厘米和大拇指甲面比较一下，大拇指甲的面积最接近1平方厘米。其实，生活中还有很多的1平方厘米，只要我们善于用数学的眼光去观察去发现，数学就在身边。

师：我们课桌的桌面有多少平方厘米呢？请你马上用1平方厘米来测量一下吧。你有什么想说的吗？

生：课桌面太大，1平方厘米太小，这样测量起来也太麻烦啦！应该找一个大一点的面积单位。

【评析】通过用尺子测量1平方厘米的小正方形了解1平方厘米的大小；通过估计生活中哪些物体面的大小约是1平方厘米，加深对1平方厘米面积单位大小的感知；通过用1平方厘米的小正方形来量课桌的面积呈现矛盾——需要换大单位，从而引出平方分米。

（2）认识平方分米

师：对，用1平方厘米来测量这个桌面的面积太麻烦了，所以人们又创造了第二个面积单位——平方分米（教师出示1平方分米的面积单位）。请快速找出面积是1平方分米的正方形。用尺子量一量它的边长是多少？

师：哪位同学来说一说边长是多少的正方形面积是1平方分米。

生：边长是1分米的正方形面积是1平方分米。

师：边长为1分米的正方形，面积是1平方分米，用字母表示为$1dm^2$。伸出小手，摸一摸1平方分米，并快速记住它的大小。你身边哪些物体面的面积大约是1平方分米？

生1：粉笔盒一个面的面积大约是1平方分米。

生2：墙上电源插座面积大约是1平方分米。

师：来，伸出你的小手，看看我们的手掌面，你有什么发现？

生：手掌面的面积大约是1平方分米。

（3）认识平方米

师：用什么面积单位来测量教室地面的面积最合适？你能猜一猜，人们又能创造出什么样的面积单位？

生：平方米。

师：猜得真准。看，这块布的大小就是1平方米。哪位同学来测量一下它的边长？

生：边长是1米。

师：谁来说一说1平方米是怎样规定的？

生：边长是1米的正方形，面积是1平方米。

（板书：边长1米的正方形，面积是1平方米，即$1m^2$）

师：谢谢你的标准答案。1平方米究竟有多大呢？请看大屏幕，我们按照图片的样子，小组四个人伸平手臂，手拉手围成一个正方形，围成的面积大约就是1平方米。

图8-27　认识面积单位课件8——1平方米的大致评估

师：估一估，生活中哪些物体的面大约是1平方米？

生1：麻将桌面的面积大约是1平方米。

生2：教室玻璃的面大约是1平方米。

生3：黑板宣传栏的面积大约是1平方米。

【评析】通过前面的引领和学习，学生会非常自信地说"边长是1米的正方形面积是1平方米"。然后通过四个人手拉手、估计哪些物体的面大小约是1平方米，进一步加深对1平方米的理解。

（4）小结

1cm²有多大，指甲面儿来比较；
1dm²不算小，手掌面儿作参考；
1m²有点大，四人搭手定大小。

图8-28　认识面积单位课件9——生活中常见的面积单位

师：刚刚我们认识了1平方厘米、1平方分米、1平方米，你能说一说什么样的正方形面积是1平方厘米？1平方分米？1平方米呢？这么多的面积单位，老师编了一个小儿歌帮助大家快速记住它们。

师：指甲面的面积，手掌面的面积，四人搭手围成的面积，这就是我们身体的面积尺，以后大家可以利用这些面积尺，来估计物体的面积。

师：这三个面积单位有的大，有的小，我们要根据实际情况合理采用不同的面积单位。看，1平方厘米的大小（指着指甲面）它很小，所以它用来测量较小物体的面积。

师：1平方分米呢，对，它不大也不小，（我们就叫它一般吧）所以用来测量一般物体的面积。

师：1平方米呢？它很大，用来测量较大物体的面积。

三、随堂练习

请填上合适的面积单位：
纽扣的面积大约是2（　　　　）。
信封的面积大约是2（　　　　）。
我们教室地面大约是53（　　　　）。
手帕的面积大约是6（　　　　）。

图8-29　认识面积单位课件10——随堂练习

师：通过刚才的学习，大家知道了什么是面积，还认识了三个常用的面积单位，下面咱们就用学过的知识来解决几个问题。

（1）填空

```
小明的日记

清晨，我从2平方厘米（平方米）的床上起来，走出12平方分米（平方米）的房间，坐到1平方厘米（平方米）的餐桌上吃早饭。早饭后，我去上学，走进面积为54平方厘米（平方米）的教育，坐在8平方厘米（平方分米）的凳子上，拿出4平方米（平方分米）的练习本开始写作业。
```

图8-30　认识面积单位课件11——填空

（2）数一数

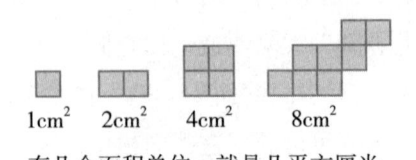

1cm² 2cm² 4cm² 8cm²

有几个面积单位，就是几平方厘米。

图8-31　认识面积单位课件12——数一数

面积是由面积单位组成的，判断一个图形的面积要看它有几个面积单位。有几个面积单位，面积就是几平方厘米，这就是本节课我们学习的面积和面积单位之间的联系。

四、巩固升华

师：这是1平方厘米，这是1平方分米，这是1平方米，它们之间又有什么样的联系，下节课我们继续来探讨这个问题。

【评析】通过层次分明、难易适度、有代表性的练习，帮助学生巩固知识，灵活运用知识，并且理解面积和面积单位之间的密切联系。

【总评】本节课引导学生动手操作、合作探究，利用各种矛盾冲突激发学生的求知欲望，使学生始终想学、爱学、主动学。

1. 借助直观体验，建立"面积"和"面积单位"的模型

面积是什么？说不清道不明，教学中通过摸一摸、找一找、比一比、猜一猜、说一说等大量直观性的体验活动，帮助学生不知不觉地理解面积意义，建立面积模型。学习面积单位时，通过量一量、摸一摸、找一找、估一估等体验活动，体会面积单位的大小，建立面积单位的模型。练习环

节，通过三个层次分明、有针对性的练习，进一步巩固应用面积和面积单位模型。总之，在直观体验中，建立模型是本节课的一大特色。

2. 借助面积大小的比较，发展学生思维

如何比较两个图形面积的大小？老师创设了不同的情境，引导学生用观察法、重叠法、拼剪法、摆图形法分别来比较。在一步步设疑、一步步深入、改进的过程中，引领学生的思维向深处迈进，真正感受和理解统一面积单位的必要性，从而引出对面积单位的认识。

培养模型思想的实践应用案例1

"2和5的倍数的特征"预习性作业

作业内容：

表8-2 "2和5的倍数的特征"预习性作业表

1	2	3	4	5	6	7	8	9	10
11	12	13	14	15	16	17	18	19	20
21	22	23	24	25	26	27	28	29	30
31	32	33	34	35	36	37	38	39	40
41	42	43	44	45	46	47	48	49	50
51	52	53	54	55	56	57	58	59	60
61	62	63	64	65	66	67	68	69	70
71	72	73	74	75	76	77	78	79	80
81	82	83	84	85	86	87	88	89	90
91	92	93	94	95	96	97	98	99	100

1. 在1—100各数中，请你用"△"圈出2的倍数，用"○"圈出5的倍数。

2. 仔细观察，你发现：

2的倍数的特征：

5的倍数的特征：

作业设计说明：

1. 作业设计意图：本次预习性作业，借助于学生已有的知识经验先进行自主尝试，培养学生的探究能力和自学能力，力求节约课内时间，使课内交流更有针对性、实效性，提高课堂教学效率。

2．作业操作方法：学生在学习"2、5的倍数的特征"的第一天晚上，完成本次预习性作业，第二天将作业带进课堂进行交流。

3．学生作业评价：

（1）关注学生"2、5的倍数"的掌握情况。

（2）关注学生寻找"2、5的倍数的特征"的过程中表现出来的不同的思维方法。

（3）关注学生完成作业的态度。

培养模型思想的实践应用案例2

"植树问题"拓展性作业

作业内容：

上节课我们学习了植树问题，并且掌握了植树问题的三种模型，那么生活中还有哪些植树问题呢？你能灵活地解决这些问题吗？

1．一条长廊长32米，每隔4米放一盆花，两端都要放，一共需要放多少盆花？

2．多多从一楼爬楼梯到三楼需要6分钟，照这样计算，从三楼爬到十楼需要多少分钟？

3．一条公路从头至尾栽树26棵，如果每7米栽一棵，这条路一共长多少米？

4．一个木工锯一根长21米的木料，他先把开头破损的一段锯掉1米，然后又锯了6次，锯成同样长的木条，每根木条长多少米？

5．一座大桥长500米，给桥两边的电杆上安装路灯，若每隔50米有一个电杆，每个电杆上安装2盏路灯，一共要安装多少盏路灯？

作业设计说明：

1．作业设计意图：本次作业是在学习植树问题之后进行的，旨在让学生借助三种植树模型灵活地分析问题、解决问题，感受生活中植树问题处处存在，体会数学与生活的密切联系，训练学生思维的灵活性和敏捷性。

2．作业操作方法：学生掌握了植树问题的基本类型之后完成本次作业，并利用课堂时间进行交流总结。

3．学生作业评价：关注三种植树问题模型的掌握情况，关注学生分析问题的思维过程，关注学生完成作业的态度。

核心词之九——应用意识

何为"应用意识"

数学应用意识是一种用数学的眼光,从数学的角度观察分析、解决现实世界中问题的积极的心理倾向和思维反映。它的本质要求是如何积极、主动地"用"数学。

《义务教育数学课程标准(2011年版)》是这样阐述的:"应用意识有两个方面的含义,一方面,有意识利用数学的概念、原理和方法解释现实世界中的现象,解决现实世界中的问题;另一方面,认识到现实生活中蕴含着大量与数量和图形有关的问题,这些问题可以抽象成数学问题,用数学的方法予以解决。"[1]

在整个数学教育的过程中都应该培养学生的应用意识,综合实践活动是培养应用意识的很好的载体。

应用意识的含义主要体现在以下两个方面:

1. 有意识利用数学的概念、原理和方法解释现实世界中的现象,解决现实世界中的问题。

这里实际指的是主动应用数学知识的意识,这种意识的指向是:"数学知识现实化"。这层含义的关键词,一个是"解释",一个是"解决",即解释现象,解决问题。

解释现象,举一个例子:电视台播放某大奖赛实况,总要去掉一个最高分和一个最低分,然后求其他分数的平均数。这是为什么呢?学生学了

---

[1] 摘自《义务教育数学课程标准(2011年版)》第7页。

统计中的平均数、中位数等知识后，就能有意识地运用这些知识去分析这一现象，并能给出合理的解释："去掉最高分、最低分，求其他分数的平均数，这样既可以降低极端分数的影响，又可以避免给中间几个数据太大的权重，合理地分解所有评分者的评分误差"。

解决问题，举一个例子：学习了"两点之间线段最短"这一数学知识后，善于思考的学生就能解决"在两个汽车站之间，怎样设加油站的位置，使之到两个汽车站的距离最小"这一实际问题。

2. 认识到现实生活中蕴含着大量与数量和图形有关的问题，这些问题可以抽象成数学问题，用数学的方法予以解决。

这里实际指的是对现实生活主动进行数学抽象的一种意识，它的目标是"现实问题数学化"。一方面，生活中处处有数学，数学就在我们身边。如储蓄、保险、股票、打折销售等；另一方面，认识到生活中的大量问题都可以抽象成数学问题，用数学的方法予以解决。这也是数学建模的思想。

如：

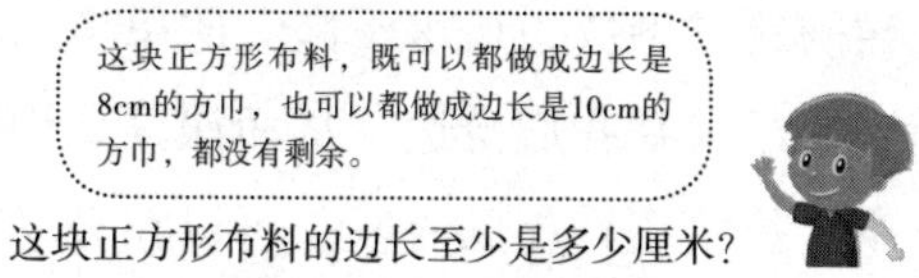

> 这块正方形布料，既可以都做成边长是8cm的方巾，也可以都做成边长是10cm的方巾，都没有剩余。

这块正方形布料的边长至少是多少厘米？

图9-1　应用题练习1

这实际上是求方巾边长的最小公倍数。

怎样培养数学应用意识

一、数学应用意识与数学基础、数学能力相互融合、互为促进

数学应用意识的培养应贯穿在"整个数学教育的过程中"，它必须以数学知识的教学与数学能力的培养为载体，并融入其中。如果没有必要的数学基础知识和基本能力，强调应用意识就会成为空洞的说教。因此，处理好数学应用意识与数学基础、数学能力的关系，实现三者的融合，才能使学生认识到数学"有用"，才会"想用""敢用""善用"数学解决问

题。在这里,"有用"是一种认识,"想用"是一种愿望,而"敢用"数学解决问题,底气来自对数学基础知识的理解与基本技能的掌握,主要是"双基"教学研究的问题。"善用"数学解决问题,取决于数学的应用能力,主要是问题解决教学研究的问题。

二、及时沟通数学知识与现实世界的联系

小学阶段的数学知识,大多具有真实的现实背景。同时,小学生在生活中形成的常识与经验,又是他们理解数学的认知基础。因此,揭示数学知识的实际来源或现实背景,是促进学生建构所学数学知识的意义、培养数学应用意识的重要手段。

目前多数情况是在生成数学知识之初,通过创设情境展现数学知识是怎样源于实际需要,怎样从现实生活中提取、抽象出来的。例如,学习平均数时,创设篮球比赛的情景:蓝队要求换人,7号和8号都是蓝队的主力队员,换谁合适呢?我们先来看看他们前几场比赛的得分情况吧。引领学生进入对本节课关键问题"谁的投篮水平高"的思考,激发了学生的探索欲望,让学生感受到数学就在我们身边,从而深刻认识到数学的价值与魅力。再如学习百分率、折线统计图的时候,可以在教学前布置学生寻找、了解生活中的应用实例,从中获得切身体会,效果明显优于教师举例介绍。少数是在学习完数学概念之后,再用数学知识解释现象,解决问题。例如,素数与合数,教学时不便通过生活情境引入,可以在建立概念之后,简要介绍素数在密码学、在变速齿轮设计中的应用。还可以介绍蝉的生长周期,长的有13年、17年,都是素数。这是为什么呢?一种合理的解释是,蝉的天敌也有自己的生命周期,当蝉的生命周期不是素数时,就会有很多机会和天敌的周期相逢。比如,生长周期为12年的蝉就会和周期为1、2、3、4、6、12年的天敌相逢,被吃的可能性就要大很多。自然界中的素数现象,常常能激起学生的遐想并寻根究底,令教师既高兴又为难。

显然,让学生面对新的数学知识时,主动联系现实生活,寻找新知识的实际背景,实现数学知识与生活经验的融合,能更为有效地促进知识的意义建构和应用意识的形成。

三、不断拓宽数学的应用范围

小学数学教学应当随着学生年龄的增长、生活经验的积累与常识的丰富，逐步拓展数学的应用范围，将数学应用的触角伸向社会生活的方方面面，伸向自然界的众多领域。比如青岛版小学数学教材每个单元都贯穿一个情境主题，有山东的地域、人文方面的主题，也有科学研究、生产建设新成就方面的主题，还有动物、植物、生态环境等方面的主题，初步构成了一个丰富多彩的情境系列。同时，也可以针对数学知识拓展数学主题阅读，让学生看到数学知识更广泛的背景和应用范围。

四、综合实践活动是培养应用意识很好的载体

综合实践活动有别于学习具体知识的探索活动，更有别于课堂上教师的直接讲授，是一类以问题为载体、以学生自主参与为主的学习活动。教师应该重视综合实践活动的教学，努力做好活动前指导、活动中的合作参与以及活动后的交流总结。

比如，综合实践活动《我来当小管家》。通过实践活动，学生亲身经历数据的采集，图表的绘制，数据的分析以及根据"样本"推断"总体"的过程，该活动是对统计知识的综合应用。

你想知道家里一周要花多少钱吗？请你来当一回小管家。每天晚上问一下爸爸妈妈，并把每一天开支记录下来。算一算每天花了多少钱，一周一共花了多少钱。

_____家一周开支记录

___月___日－___月___日

周一		周二		周三		周四		周五		周六		周日		总计
项目	金额	项目	金额	项目	金额	项目	金额	项目	金额	项目	金额	项目	金额	
小计		小计		小计		小计		小计		小计		小计		

（1）根据上面的统计表，你能绘制出这一周开支的折线统计图吗？
（2）小组同学交流一下，看看各家一周的开支有什么变化规律。
（3）根据这一周的开支估算本月的总支出，然后告诉爸爸妈妈。

图9-2 综合实践活动《我来当小管家》

除了课本上安排的综合实践活动以外,教师还要根据所学知识自主设计综合实践活动,让学生把所学的知识综合应用于实践。例如小学的几何教学,从平面到立体,可以形成"动手做"的实践性数学任务系列。例如,测量并计算课桌、黑板、教室的面积;利用容器与水,测定不规则物体的体积;按要求设计制作长方体、正方体纸盒,以及纸质圆柱体模型等等。通过动手测量、计算与画图、制作,深化对相关概念、算法的认识与理解。特别是纸盒、模型的制作练习,对学生认识几何体的展开图与表面积计算方法,促进空间观念的发展,都是极为有益的。同样,统计与概率、比和比例的教学,也能开发一些常规的实践性数学任务。以比例的应用为例,测量竹竿的长度与同一时刻竹竿、旗杆的影子长,算出旗杆的高度;测量学校操场及教学楼的长、宽,选定适当的比例尺,画出学校的平面图。这样的实践性数学任务,一般学校都具备实施的条件。

让学生"动手做"数学,亲力亲为完成实践性数学任务,不仅有助于缩小数学教学问题情境与实际应用情境的差距,同时体现了"教学做合一"的教育思想,有利于发展学生的实践能力。正所谓"纸上得来终觉浅,绝知此事要躬行"。以上两条策略的综合运用,对于当下综合实践活动的教学摆脱过于依赖教材,单纯地"看图说话"与"纸上谈兵"的困境,也都具有积极的意义。

培养模型思想的精品课例及点评

《综合应用——荡秋千》教学实录与评析

教学过程:

一、创设问题情境

播放荡秋千的视频,配上音乐。

师:他们在干什么?你玩过吗?回忆一下你在荡秋千时都有什么感受?其实啊,荡秋千不仅仅好玩,还有着非常有趣的数学问题,这节课我

们就一起来学习。（板书：荡秋千）

荡秋千

图9-3　综合应用——荡秋千

师：图上的三个小朋友也在玩荡秋千，如果想比一比谁荡的次数多，你觉得必须保证什么相同？

生：时间相同。

师：对，在相同时间内来比赛，你觉得公平吗？为什么？

生：不公平，有的绳子长，有的绳子短；有的体重轻，有的体重重。

师：大家的眼睛可真尖，我们看，绳子的长度不一样，有的长，有的短。（加上手势）

他们的体重不同，也就是质量不一样，有的轻，有的重。（板书：绳长、质量）

【设计意图】荡秋千是学生都经历过的活动，但没有与数学联系起来。为此教师用配有音乐的荡秋千的动态图片导入课题，有效地激发了学生强烈的求知欲、探索欲，并直接提出问题——在相同时间内，谁荡的次数多呢？

二、引发实验猜想

师：那么在这样的情况下，你觉得在相同时间内，谁荡的次数会是最多的？为什么？

师（小结）：看来，大家都觉得，次数与绳长和质量都可能有关系，那么到底有没有关系，又有怎样的关系呢？接下来咱们就一个个来研究。

【设计意图】荡秋千是物理学中的单摆现象，在研究前，可以先引发学生根据生活经验大胆猜想，为后面的研究做好准备和铺垫，并引导学生在研究过程中体验研究问题的科学方法。

219

三、设计方案，实验验证

师：首先来看一看，在相同时间内，次数与绳长的关系。之前我们只是进行了大胆的猜想，那么要想验证我们的猜想对不对，就需要——

生：做实验。

师：对，实验验证大家知道吗？我们的科学家在做每一次实验之前，都要先设计方案，就是说我们应该准备什么，又要怎样去实验呢？这可比做实验重要多了。

师：为了研究方便，我们把小秋千搬到课堂上，一根绳子，一个砝码。想一想，要想研究次数与绳长的关系，我们都要准备什么？

生：绳子。

师：什么样的绳子？

生：不同长度的绳子。

师：为什么要准备不同长度的绳子？长度相同的绳子不行吗？

生：……

师：对呀，说得多有道理呀！要想研究次数与绳长的关系，就必须有长度不同的绳子。好，老师给你3根不同长度的绳子，分别是15厘米、25厘米、40厘米。

师：砝码呢？

生：相同质量的。

师：为什么要相同质量的？不同质量的不行吗？大家都思考一下这两个问题。好，老师就给你同样的50克的砝码。

师：我们的研究目标是次数与绳长的关系，所以保证其他条件是相同的，才能研究出次数与绳长的关系。（指课件）

【设计意图】初次试验，充分发挥教师的引导作用。一步步引导学生去设计方案，并在其中感悟"对比"的数学思想。

师：方案有了，接下来我们该进行几次实验？每一次实验该怎样做呢？

师：注意看，小秋千荡起来了，开始不要太高。这是1次（师演示），从起点再回到起点。那么，老师需要一个小计时员，你来。我们一起来合作，你来10秒倒计时，我来荡秋千，大家一起来数，准备好了吗？好，开始。（开始计时，大家一起数）1、2、3、4……

师：（提示学生要荡回来才算1次，不能数快了）好的，合作成功。（举手势：棒）

师：我们再来看，要想小组合作，共同完成实验，首先我们该怎样分工呢？

生：要有计时的，要有荡秋千的，要有数数的……

师：对呀！分工明确是前提，老师看大家都跃跃欲试了，先看温馨提示：

（1）准备好1号盒和实验记录单（一）。

（2）小组分工合作，1人操作，1人计时，3人数数，1人记录，并把你的发现填写在表格中。

（3）荡物体时，从固定的位置开始。物体从开始荡到对面，再回到起点为一次。

准备好了吗？看哪个小组做得又快又好？

生：做实验。

表9-1 实验记录单（一）

研究目标	研究荡的次数与绳长的关系		
时间	10秒		
绳长	15厘米	25厘米	40厘米
质量	50克	50克	50克
次数			
结论			

师：下面我们一起来听一听，他们小组是怎么做的实验，又有什么发现？

1组汇报。

师：同意的，举手。

师（总结）：通过科学的实验验证，我们得出结论，在相同时间内，次数与绳长有关，绳越长，次数越少；相反，绳越短次数就越多。看来之前有同学猜对了，但是仅仅凭大胆猜想可以解决问题吗？还需要科学的实验验证。

我们一起来看，在研究次数与绳长的关系时，我们先是进行了大胆猜想，接着像科学家一样，设计方案，有了方案的指导，再去实验验证，最终我们得到了结论，这就是一个完整的解决问题的过程。在这个过程中我们还运用了对比的数学思想，用3根不同长度的绳子对比实验，得出结论。这是一种很好的学习方法，你学会了吗？

【设计意图】这一环节主要以实验操作为主线，引导学生经历实验过程，通过制订方案，小组实验操作，合作探究，总结交流，引导学生交流发现，得出结论。在这一过程中，给予学生充足的研究时间，并给予一定的指导。学生学习的过程是感知的过程，更是体验的过程，感悟的过程。引导学生经历"大胆猜想——设计方案——实验验证——得出结论"的研究过程。

师：再来看第二个问题，次数与质量的关系。之前我们也进行了大胆猜想，接下来就该——

生：设计方案。

表9-2　实验记录单（二）

研究目标	研究荡的次数与物体质量的关系	
时间	10秒	
绳长	30厘米	30厘米
质量	1个50克的砝码	3个50克的砝码
次数		
结论		

师：先想一想，这一次，我们要保证什么相同，什么不同？小组合作，先设计方案，填写好实验记录单（二）。

师：设计好了吗？一起看一看他们的方案。

学生介绍。

师：为什么这次绳长相同，而质量不同？

学生发言。

核心词之九——应用意识

师（总结）：同样，只有在其他条件都相同的情况下，质量不同，才能研究出次数与质量的关系。

师：为了统一，我们设定30厘米的绳长，一个50克砝码，一个100克砝码，进行两次试验。

在实验之前，老师还有个问题，这样的2个砝码要怎样去挂？（讲解挂砝码的方法）

学生动手实验。

师：一起看，这次的实验结果。

学生开始介绍。

师：结论一样的举手，还有不一样的？

学生继续发言。

师：（疑惑）唉，这是怎么回事？老师要告诉大家，一个正确的结论往往需要成千上万次的实验来验证，而我们刚才只是做了2次，所以难免会出现误差，而且在荡秋千时，空气的阻力，荡秋千的角度等客观因素，都会影响它的次数。关于这个问题，在几百年前，伟大的科学家伽利略就做过实验，请看。

录音：有一天，伽利略来到比萨大教堂，由于施工，教堂中央的巨灯晃动起来。看似平常的事，伽利略却像触了电一样，目不转睛地跟踪着摆动的吊灯。随后又找来了不同长度的绳子、铁链、铁球、木球，一次又一次重复实验，并用沙漏记下摆动的时间。最后，他得出了这样的结论：决定摆动周期的，是绳子的长度，和它末端物体的质量是没有关系的。

师：现在我们可以肯定，在相同时间内，次数与质量无关。所以仅凭猜想，行不行啊？还需要用科学的实验来验证，得出结论。

【设计意图】第二次实验大胆放手让学生自己去解决。当然与第一次结论不同的是，第二次的实验结论跟我们猜测的完全不一样，为了更有说服力，引入伽利略的实验故事，并让学生明白只凭猜想是不能解决问题的，要凭科学的实验验证。

· 223 ·

四、总结提升，联系生活

师：好了，同学们，经过这样一个完整的过程，我们发现，在相同时间内，次数与绳长有关……现在我们再来看，这场比赛谁会赢？

师：一个简简单单的荡秋千就蕴藏着这么多的知识，而我们研究的也只是其中的一小部分。

其实今天我们所研究的荡秋千的运动方式，在科学课上叫作"摆"的现象。这种摆的现象在生活中也很常见，比如：老式时钟的钟摆，给人催眠的钟摆，运动器材里的钟摆器，还有节拍器等。

师：以钟摆为例，如果钟摆摆动得慢了怎样调整才能让它走快些？

预设：把摆杆调短。

师：如果钟摆走快了，又该怎样调整？

预设：钟摆摆动得快了，应把摆杆调长。

师：对呀！同学们都能运用今天所学的知识解决生活中的实际问题，这就是我们的收获。

【设计意图】学习数学的最终目的在于应用数学知识解决实际问题，用数学眼光观察世界。通过联系生活，研究生活中的钟摆现象，巩固所学知识，体会数学在生活中的广泛应用。

五、回顾反思，总结评价

师：最后我们一起来回顾整理一下，首先通过观察情境图，提出问题，开动脑筋，大胆猜测，然后我们一起设计方案，再通过实验研究，动手操作验证之后，最终我们得到了结论，那就是——

师：同学们，很多伟大的发现往往就在一瞬间，让我们学会做生活的有心人，一起用数学的眼光去观察，去思考，去学习。下课之前，老师给大家推荐几本书，感兴趣的同学可以看一下。好，下课。

【设计意图】通过回顾整个过程，提升学生概括知识的能力，提高学生用数学的眼光去观察世界的意识，培养学生用数学思维分析世界，用数学语言表达世界的能力，鼓励学生做生活的有心人。

【总评】

荡秋千是学生都经历过的活动，但没有与数学联系起来。为此，教师用配有音乐的荡秋千的动态图片导入课题，有效地激发了学生强烈的求知欲、探究欲，并直接提出问题——在相同时间内，谁荡的次数多呢？这样比赛公平吗？引导学生观察发现绳长和质量都不相同的情况下，那么到底谁会赢呢？为什么？引出本节课的研究方向：在相同时间内，次数与绳长、与质量有没有关系？有什么关系？

首先解决第一个问题，在这一过程中，要充分发挥教师的引导作用，引导学生大胆猜想、设计方案，进而通过实验验证，自然的得出结论，并在其中感悟"同而不同"的思想。研究过程中，要留给学生充足的时间，更要给予一定的指导。比如，在学生提出不同的猜想后，组织学生讨论，商定实验方案，然后提供实验器材进行分组实验，引导学生经历实验过程，做好记录，并对实验结果进行分析。整个过程，教师要做好引导者的角色，引导学生经历"大胆猜想——设计方案——实验验证——得出结论"的研究过程。

有了第一次的经验，学生在解决第二个问题时，就游刃有余了。当然与第一次结论不同的是，第二次的实验结论跟我们猜测的完全不一样。为了更有说服力，引入伽利略的实验故事，并让学生明白只凭猜想不能解决问题，要依靠科学的实验验证。

数学来源于生活，应用于生活。在学生掌握了"大胆猜想——设计方案——实验验证——得出结论"这一研究过程之后，趁热打铁引导解决实际问题。

总之，数学综合实践课的内容都来自学生身边那些真实的生活例子，要使学生感受到"数学来源于生活""身边处处有数学"，从而鼓励学生积极参与，以知识的魅力引发学生的兴趣，培养他们创新求异的精神。

培养应用意识的综合实践活动案例1

《11-20各数的认识》综合实践活动

同学们，你能将自己本学期的数学成绩整理成折线统计图，并进行简要的分析吗？试一试看。

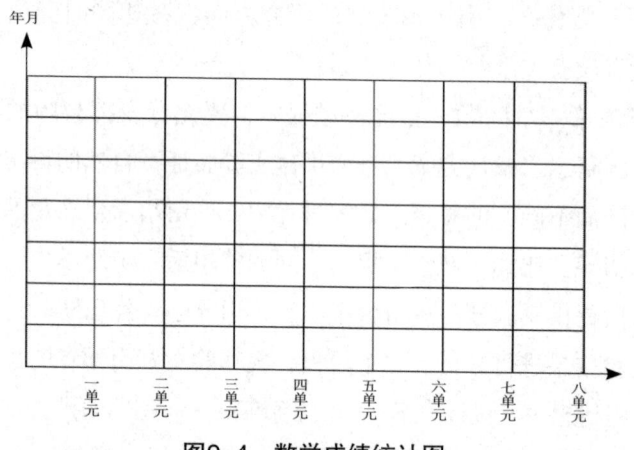

图9-4　数学成绩统计图

1．仔细观察折线统计图，你认为自己本学期数学学得怎么样？
2．你打算怎样进行复习？

作业设计说明：

1．设计意图：本次活动在学生学习单式折线统计图之后，运用统计的知识，通过调查本学期数学成绩，绘制折线统计图，综合分析自己本学期学习情况，明确哪个单元需要重点复习，从而使复习更有针对性、目的性。另外，通过此次活动，使学生感受到统计在生活中的广泛应用，培养学生的数学意识及运用数学知识解决问题的能力。

2．操作方法：课内与课外相结合的办法，课外主要是利用双休日的时间，学生根据单元成绩绘制折线统计图，并综合分析本学期学习情况；课内主要是进行交流探讨。

3．评价标准：

（1）关注学生对"折线统计图"的基本掌握情况。

（2）关注学生对"折线统计图"的分析理解情况。

培养应用意识的综合实践活动案例2

《质数、合数》综合实践活动

想告诉同学们你的手机号码吗？请开动脑筋把你家电话号码的每一个数字利用学过的质数、合数、奇数、偶数等知识设计成密码（如第一位数既不是质数又不是合数），让大家猜猜看！

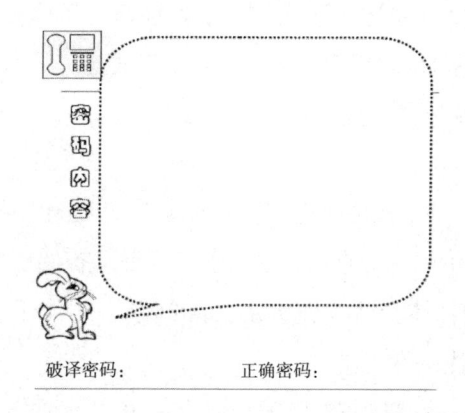

图9-5 《质数、合数》综合应用实践活动

作业设计说明：

1. 设计意图：本次作业，通过学生为自己家的电话设置密码和同学互相破译密码的游戏，灵活地巩固所学的质数、合数、奇数、偶数等知识，提高学生灵活运用知识的能力、独立思考的能力和创新能力，让学生在玩中学，在学中玩，充分体验学习数学的乐趣。

2. 操作方法：

（1）布置家庭作业：每人利用学过的知识为自己的手机号码设置密码。

（2）利用课上时间让同学或你的好朋友破译密码。

（3）两人互相核对，看看密码设置和密码破译是否存在问题并改正。

（4）评价各自的表现。

3. 作业评价：教师、个人和同学互评相结合。教师评价注重密码设置的思维含量和密码破译情况；个人评价和同学互评注重密码设置的思维含量和活动中的情感体验、知识收获、能力提高。

培养应用意识的综合实践活动案例3

《种子发芽率》综合实践活动

作业内容：

组织学生开展"种子发芽率"综合实践活动，时间为三周，具体安排如下：

第一周：确立活动主题，形成"种子发芽率"活动实践活动方案。

第二周：利用双休日在家里做种子发芽率试验。

第三周：展示作品并交流心得。

作业设计说明：

1. 设计意图：（1）综合运用"百分数""统计"等知识，学习用数学知识研究问题的策略和方法。（2）通过调查、查阅资料和亲自参与实际活动积累活动经验，体会数学在解决实际问题中的作用，提高学生学习数学的兴趣及合作解决问题的能力。

2. 操作方法：课内与课外时间相结合的办法，课外主要是利用双休日的时间学生自愿组成小组或独立完成发芽率试验，课内主要是进行作业展示并交流心得。

3. 评价标准：语言与符号相结合，教师、家长与学生评价相结合。家长评价注重过程、情感态度等；个人评价注重情感体验、知识收获、能力提高等；教师评价注重书写质量、思维含量及创意等。

图9-6 《种子发芽率》综合应用实践活动

"种子发芽率"实践性作业

班级：503　　姓名：高萌

作业要求：准备一种种子（不少于50粒），做发芽试验。

种子名称	试验种子粒数	发芽种子粒数	发芽率
黑豆	80	66	80%

我的做法：

1. 请教奶奶平日怎样制做黑豆芽的。
2. 我来黑豆用水浸泡一天。
3. 把水倒掉，在种子上面放一块湿布。
4. 2天之后，打开湿布一看，有一小部分没发芽。

我的想法：我觉的做"种子发芽率"的实验可有意思了。尽管我是在奶奶的帮助下完成的，我还学到了许多小知识呢！①我知道了用湿巾覆盖的作用是不仅遮住了光，而且温度高，这样发芽快。②我的黑豆芽发芽率不是很高，经过仔细观察，我发现有一些种子瘪瘪的，还有一些都发黑了，我才知道原来种子的挑选也是有学问的：不要隔年的，还要挑出无破口的、发霉的。小小的"种子发芽率"让我学到了许多知识。感谢小种子！

家长评语	通过这次活动，孩子不但增长了技能，更重要的是明白了数学来源于生活。
教师评语	从你的作业中，老师感受到了浓浓的亲情！的确，奶奶在这方面可以称得上是一名专家！也相信奶奶的心里也乐开了花。而且在实验结束之后，你还认真地对自己的试验进行了反思，这点，更是难能可贵。虽然你的发芽率低了一些，但是相信你的收获是丰富的！

图9–7　《种子发芽率》实践性作业展示

核心词之十——创新意识

何为"创新意识"

《义务教育数学课程标准(2011年版)》是这样表述的:"创新意识的培养是现代数学教育的基本任务。学生自己发现和提出问题是创新的基础;独立思考、学会思考是创新的核心;归纳概括得到猜想和规律,并加以验证,是创新的重要方法。创新意识的培养应该从义务教育阶段做起,贯穿数学教育的始终。"[1]

以上从基础、核心、方法三个方面指明了创新意识的要素。一是创新的动力,主要是好奇心、求知欲,要敢于发现和提出自己的问题。二是创新思维,主要是独立思考、深度思考。三是创新的方法,主要是经历猜想、验证等探索的活动,获得经验与感悟。教师应紧紧抓住问题、思考、猜想验证这几个点,创新意识培养的目标才有可能得到落实。

怎样培养创新意识

在具体的课堂教学中,有这样几点值得注意:

一、营造宽松、民主、开放的教学环境

培养创新意识最为首要的举措就是营造适宜的课堂教学环境。高度紧

---

[1] 摘自《义务教育数学课程标准(2011年版)》第7页。

张、不准出错的课堂只能让学生被动、恐惧、紧张、思维缓慢,缺乏最起码的心理安全。所以,要激发学生的创新能力就必须创造和谐、宽松的学习氛围,让学生在课堂上不必小心翼翼。

一是不拘一格,让学生敢想。创设学生自主探究的空间,让每个学生都能展开思考的翅膀,无论结论对与错,繁与简,好与坏,都要给予鼓励与表扬。

二是转变话语权,让学生敢说。把教师一贯的说教改为学生自由的表达,不时涌现激发学生灵感的想法与做法。

三是少抑多扬,让学生敢做。面对学生的猜想,要鼓励学生大胆验证,在动脑想、动手做中求得创新发展。

四是鼓励创新,让学生敢疑。我们要鼓励学生敢于向教师、同学和自己挑战,敢于发表与教师不同的想法和思考,敢于刨根问底,向同学质疑问难,对自己提出更高的要求。

二、创设触发学生"创新"的问题情境

要使学生打开思维的闸门,释放创新的潜能,关键在于设计适当的问题情境,促成创新活动,从而滋养创新意识。

例如,学习《分数的初步认识》时,出示这样一道题目:

下图中,已知露出的部分是图形整体的1/4,你能画出整个图形吗?常规题目通常是给出整体,然后让学生圈出几分之一,即由整体推测出部分,而此题则是让学生由已知的部分推测整体。这一针对逆向思维的练习设计,给学生提供了发散的解答空间。

图10-1 初步认识分数折纸图

例如,在探究《小数乘整数》的计算方法时,教师可以放手让学生根据已有的知识经验自主探究,学生创新出了若干解决问题的策略。

图10-2 水电费计算应用题

方法一：

3.2×4是4个3.2相加，所以3.2×4=3.2+3.2+3.2+3.2=12.8（元）。

方法二：3.2元=32角

$$\begin{array}{r} 3.2 \\ \times\ 4 \\ \hline 12.8 \end{array}$$

图10-3 方法二

方法三：3.2×10=32；32×4=128；128÷10=12.8（元）。

方法四：

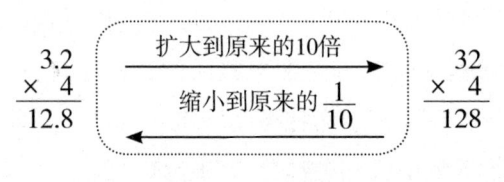

$$\begin{array}{r} 3.2 \\ \times\ 4 \\ \hline 12.8 \end{array} \quad \xrightleftharpoons[\text{缩小到原来的}\frac{1}{10}]{\text{扩大到原来的10倍}} \quad \begin{array}{r} 32 \\ \times\ 4 \\ \hline 128 \end{array}$$

图10-4 方法四

学生兴趣盎然，一次又一次感受到了创新的魅力，体验了创新的乐趣。唯有不间断的锻炼，学生才能自发地想创新、会创新，进而发展创新意识，提高创新能力。

三、激励学生多角度灵活解决问题

创新的显著特点，首先是它的灵活性、多样性，其次是与众不同的独特性，再次是由浅入深、由此及彼的联想性。针对以上特点，在平时的教学中，应强化学生主动获取知识的过程、灵活应用所学知识解决问题的过程，让学生在这些过程中生成、发展创新意识。

例如，《搭配》一课。

图10-5 早餐搭配

Cindy的妈妈要为她准备早餐，如果一种饮料搭配一种点心是一种搭配的话，那么不摆学具，你能用什么办法将所有的搭配快速清楚地表示出来呢？

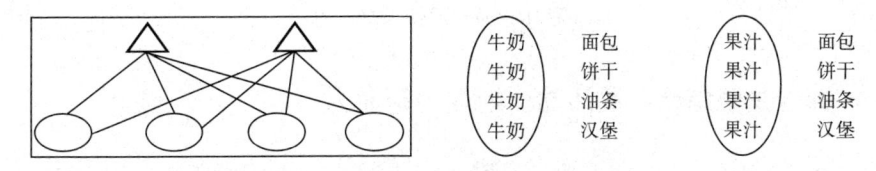

图10-6 学生早餐搭配作业情况

再如，《三角形的面积》一课。

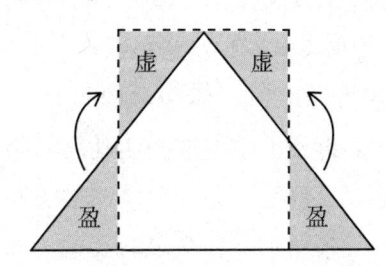

图10-7 三角形的面积"出入相补"原理

教师先引导学生学习课本给出的转化方法（把两个完全一样的三角形拼成平行四边形），让学生理解与掌握求三角形面积的基本方法并及时通过练习加以巩固。

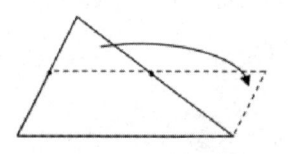

图10-8 "出入相补原理"模仿　　图10-9 剪成长方形1

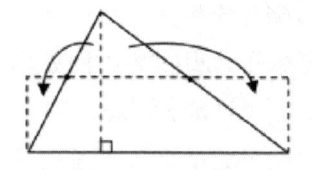

教师让大家仿照剪拼，有纯粹模仿（图10-8）；有的因为自己在三角形内画有一条高，又将两腰中点连了起来，发现也可以剪两个直角三角形向下旋转，补成长方形（图10-9）；有的用折纸的方法得到两腰中点之后，发现可以剪下下面的三角形向上旋转，补成长方形（图10-10）。可见，效果同样不错。

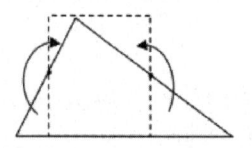

图10-10 剪成长方形2

四、加强综合实践活动，增强创新能力

在教学中，组织学生通过实验、动手操作、尝试错误和成功等活动，让学生接触贴近其生活的事例，使学生体会到所学内容与自己身边接触到的问题息息相关。让学生从现实生活中发现数学问题，掌握观察、操作、猜测的方法，培养学生的探索意识和发现意识。

例如：在组织一次班会之前，请同学们预算一下需要多少费用。先告诉学生现有经费多少，再要求学生调查活动所需物品的价格，比如布置教室的彩带、气球需要多少钱等。调查后绘制成表格，并要求学生思考探究：根据学生人数去购买各种小吃、水果需要购买多少？有多少种购买方案？哪一种方案在不超支的基础上既能把教室装扮得最漂亮又能让同学们吃得最开心？并申明：探究出合理答案的同学可以奖励一颗智慧星。这样学生们三五成群，进行小组合作探究。学生们将各自的探究结果汇报给教师后，教师将较有代表性的方案选出让学生进行比较探究，选出最符合要

核心词之十——创新意识

求的一种或几种加以表扬奖励。这样将课堂知识与现实生活中遇到的数学问题紧密联系，引导学生对生活中的数学问题进行探究，有效地将学生自主探究学习延伸到课外生活中。

数学课堂教学是实施素质教育的主要阵地，教师在教学中必须树立创新性的教育观念，通过创设愉悦、和谐的教学氛围，引导学生探索性地学习，培养其思维能力，促进学生全面发展，唤起学生的创新意识，培养创新精神，最终在实践活动中提高其创新能力。

培养数据分析观念的精品课例及点评

《九宫图》教学实录与评析

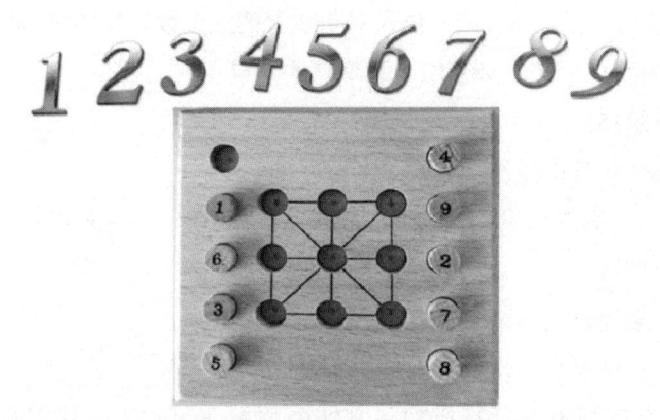

把1—9这9个数字放入九宫格相应的位置，使每一行、每一列，以及对角线上的三个数字相加的和都是15。

图10–11　《九宫图》精品课例

教学过程：

一、谈话引入

师：喜欢玩游戏吗？（出示数字1—9）今天这节课我们就用"九宫图"这款益智器具来玩一玩数字游戏（出示九宫图）。我们要一边玩游戏，一边思考问题，玩出破解技巧，玩出思维潜能，玩出我们的智慧。有

·235·

没有信心？

二、揭秘九宫图

1. 了解游戏规则

师：仔细观察这款益智器具有几个格子？

生：9个。

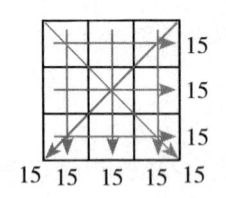

图10-12　九宫图揭秘

师：这款游戏怎么玩呢？请看规则：把1—9这九个数字放进九宫格相应的位置，使每一行、每一列，以及对角线上的三个数字相加的和都是15。

师：看明白了吗？必须加出几个15才算成功？

生：8组15。

2. 第一次尝试操作

要求：下面进行第一次操作，我们放一段音乐，音乐停我们就停，好吗？

（1）学生自主尝试，失败。

（2）总结反思，学生说困难。

师：大家都没有挑战成功，其实失败并不可怕，关键我们要总结反思，刚才探究过程中有什么困惑？

生：只能凑成2个或3个15，凑不出8个15。

【评析】出示游戏规则，让学生第一次尝试操作。只有大量的操作失败经验，才能让学生感知盲目的尝试是不可取的，进而开始深入思考，寻找解决问题的突破口。

师：遇到困难我们要想个办法，找到解决问题的突破口。仔细观察这个九宫格，你觉得哪个格最关键呢？

生：中间的格子最重要。

师：为什么呢？想一想中间的格子要用到几次？

生：要用到四次，分别是横、竖、斜、斜。（手势比画一下九宫图）

师：那其他的格子分别要用到几次？

生：中心的格子用四次，四角的格子用三次，四边的格子用二次，每个格用的次数都是不一样的。

（师板书：中心：四次；四角：三次；四边：两次）

师：哪个数应该放在最中心的位置？

生：我觉得应该填5。

生：填"6"不行吗？

师：这只是我们的猜测，到底该填几呢？下面请出我们的又一个益智器具"智慧翻版"。

【评析】培养学生观察后思考的意识，通过分享交流，教师加以点拨，让学生感受到九宫格每个格子的作用。思维从混沌到清晰，从而启发学生智慧的火花，发现中间、四角、四边这些格被用到的次数。

个人热身赛

每人翻出3张牌，必须包含"5"，且相加结果是15，比一比看哪位选手又快又准。

图10-13 翻盘大比拼

3. 翻盘大比拼

（1）个人热身赛

规则：翻出三张牌，必须包含5，使结果相加是15。

学生汇报：2、5、8，1、5、9，3、5、7，4、5、6（课件出示）。

师：5和其他数能组成4组15。换成"6"再来看看，翻出三张牌，必须包含6，使结果相加是15。

学生汇报：1、6、8，2、6、7，4、6、5。

师：6和其他数能组成3组15。

师：现在谁能解释一下，5为什么在中间，6为什么不能在中间，那6应该放在哪里？

生：因为5能组成4组15，所以5要放在中间；6能组成3组15，所以6要放在四角。

师：真会分析问题，那剩下的其他数又应该放在九宫图的什么位置呢？

（2）小组团体赛

发挥集体的聪明才智，教师给每个小组分配一个数进行翻盘研究。

学生汇报，教师课件出示汇报结果。2、4、6、8四个数各能组成3组15，1、3、7、9四个数各能组成2组15。

（3）完成九宫图

师：同学们，游戏结束了，刚才的问题已经有答案了。"5"一定在哪儿，为什么？2、4、6、8放在什么位置，为什么？1、3、7、9又在什么位置，为什么？

生：根据组成15的组数。5放在正中间，2、4、6、8放在四角，1、3、7、9放在四边。

师：你们太厉害了。通过小小的智慧翻版，我们不仅全面思考推理出每个数的所在方位，而且还知道它为什么在这个方位。

【评析】在学生思维处于混沌的时候，智慧翻版的引入，给学生搭建了一个探究的支架。在"个人热身赛"和"小组团体赛"的游戏尝试中，经历思维条分缕析的过程。学生在操作中明白、理解九宫图的奥秘。

4. 第二次操作

（1）如果现在让你再操作一次，你觉得会成功吗？我们进行第二次操作，如果有困难可以求助同桌或者小组的其他同学。开始。

（2）学生展示

我们一起见证一下，出示若干种不同的摆法。

师：短短时间同学们就挑战成功了，而且还出现了这么多不同的摆法，太厉害了！

5. 寻找规律、发现奥秘

师：课件展示8种方法，仔细观察有什么相同的地方？

生1：5放在中间。

生2：2、4、6、8放在角上。

生3：1、3、7、9放在边上。

师：是呀，不论怎么变，5一定在中间，2、4、6、8一定在角上，1、3、7、9一定在边上。

师：（课件将一种摆法旋转）同学们仔细观察，它们有没有什么联系？

寻找规律	发现奥秘							

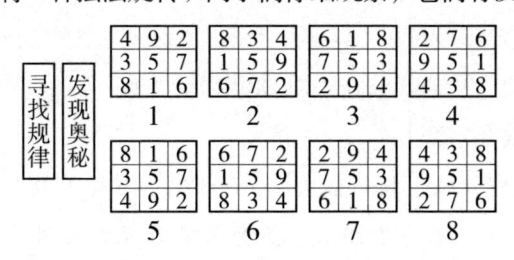

4 9 2	8 3 4	6 1 8	2 7 6
3 5 7	1 5 9	7 5 3	9 5 1
8 1 6	6 7 2	2 9 4	4 3 8
1	2	3	4

8 1 6	6 7 2	2 9 4	4 3 8
3 5 7	1 5 9	7 5 3	9 5 1
4 9 2	8 3 4	6 1 8	2 7 6
5	6	7	8

图10-14　九宫格基本规律

生：有一个小窍门，你只要找出一种，对调、旋转后，就能得到很多种。

全课小结：回顾这节课我们在玩九宫图的同时，还请来了和它同样是巧算系列的智慧翻版来助力。在破解游戏的过程中，我们经历了"找准中心、确定四角、补全四边、及时检验"，像这样根据已知条件逐步推出结论的过程，是数学上非常重要的思想方法，推理能让我们探索出更多的未知领域。

【评析】引领学生回顾操作方法、理顺操作思路，明晰思维、准确表达。在八种方法中寻找规律、发现奥秘。通过互动展示，总结方法：找准关键、确定四角、补全四边、及时检验。通过交流分享，知道了这8种方法之间的联系与区别，发现了九宫图的奥妙之处。

三、拓展提升

1. 换数（课件）

（1）如果换另外的九个数，你还能像这样一步一步推理成功吗？

课件出示：6、7、8、9、10、11、12、13、14

咱们来比一比，每个小组根据卡片上的数出现的次数，快速找出它们在九宫图的位置，第一个挑战成功的小组到黑板上把成果展示给大家。

（2）归纳类比

我们已经挑战成功两组数了。请看（课件出示两组数）这是放在中心的数，这些数放在角上，其他放在边上。如果每次挑战都去找这个数字出现几次的话，太麻烦了。

对比分析一下，看看有没有什么窍门？排列在什么位置上的数放在中心，排列在什么位置上的数放在四角，剩下的数排在边上？

2．"0"回归

利用0、1、2、3、4、5、6、7、8继续玩游戏。

3．展示负数九宫图

【评析】挑战升级，换一组大数，一组0参与的小数，让学生知道不只1—9这九个数字可以填写九宫图，还有很多有规律排列的等差数列也可以填写九宫图。

四、全课总结

1．出示课题

这虽然是一个只有九个数字参与的简单小游戏，人们却赋予它神话般的色彩。那你知道它是怎么来的吗？还有什么发展吗？（播放视频）震撼吧！

2．回顾梳理

（1）交流收获。

（2）探究永无止境。只要你勇于尝试、敢于探索，你一定能发现更多的奥秘。

培养创新意识的实践应用案例

"百分数"综合实践性作业

作业内容：

在学生掌握了有关百分数知识的基础上，通过以"小小银行"为主题的实践活动，了解储蓄的意义及储蓄方面的有关知识。

活动准备：

1. 调查：(1) 主要银行的类别及业务经营范围；(2) 银行对存款利率的规定；(3) 存、取款单的样式及有关填写要求；(4) 办理存、取款业务的基本程序及要求。

2. 整理：(1) 将收集的有关数据及相关材料加以整理；(2) 准备计算器、业务标签、存取款单。

活动过程：

1. 成员模拟存款

(1) 成员共同商定存款的本金与期限；(2) 模拟存款；(3) 根据客户设想填好存款单，并到业务员那儿办理存款业务。(根据存款的本金、利率与期限计算税前利息)

2. 成员模拟取款

客户填写取款单，并到业务员那儿办理取款业务。(计算税后利息以及应取款的总数。)

活动收获：

通过本次活动，你有什么新的收获？

作业设计说明：

1. 设计意图：在学生掌握了有关百分数知识的基础上，通过以"小小银行"为主题的实践活动，将学生带入巩固、理解、运用百分数知识的情境中，了解储蓄的意义及储蓄方面的有关知识，调动学生动手、动口、动脑和合作交流的积极性，培养学生运用所学知识解决实际问题的能力和勇于探索的精神，增强学生应用数学的意识和信心，培养学生的数感。

2. 学生操作方法：课内与课外相结合的办法，课外主要是在双休日的时间引导学生自愿组成小组进行调查；课内主要是运用主题班会进行交流探讨。

3. 作业评价：采用语言与符号相结合，教师、家长与学生评价相结合的方式进行评价。家长评价注重过程、情感态度等；个人评价注重情感体验、知识收获、能力提高等；教师评价注重书写质量、知识掌握情况以及思维含量等。